Independência do Brasil (1808-1828)

Márcia Berbel

Suplemento de trabalho

CB142084

Você acabou de estudar o processo de independência do Brasil, marcado pela difícil costura entre as elites das diversas regiões — desde a participação nas Cortes de Lisboa até a montagem do poder imperial sediado no Rio de Janeiro — e pelas questões referentes ao reconhecimento internacional do Estado brasileiro.

Que tal alguns exercícios para aprofundar e ampliar essa discussão sobre a história de nosso país?

• Que história é esta? Tempo

1. a) Costumava-se afirmar que o Brasil foi descoberto em 1500. Essa frase encobre, no entanto, duas grandes imprecisões. Em primeiro lugar, em relação à ideia de descobrimento. Melhor seria dizer "início da conquista portuguesa na América". Em segundo, em relação ao termo Brasil. Houve unidade político-econômica no processo de colonização da América pelos portugueses? Justifique sua resposta.

R.: ____________________

b) Quais eram as características das relações econômicas entre Portugal e seus domínios na América?

R.: ____________________

• Que história é esta? Conteúdo

2. Em que aspectos as relações econômicas entre Portugal e Inglaterra se alteraram no contexto da Revolução Industrial?

R.: ______

______

______

______

______

3. Qual a posição política adotada pela monarquia portuguesa ante as investidas napoleônicas?

R.: ______

______

______

______

______

______

4. A permanência do governo e da corte na colônia acarretou uma série de descontentamentos na vida da metrópole. A situação de abandono e as dificuldades econômicas em Portugal motivaram o surgimento de diversos movimentos políticos, resultando na convocação das Cortes.

Quais as características, as inspirações e os objetivos da Revolução Liberal de 1820?

R.: ______

______

______

______

______

5. A convocação da Constituinte foi recebida com entusiasmo pela maior parte dos homens livres das diversas regiões da colônia, que se articularam na escolha de seus representantes e na elaboração de propostas que concorreriam com as propostas dos deputados portugueses.

a) Quais as regras que definiam a escolha dos representantes de cada região?

R.: ______

______

______

______

______

b) O que o conjunto da imagem representa ou faz pensar com relação à independência do Brasil?

R.: ____

____

____

____

c) A imagem corresponde à realidade do processo de independência? Justifique sua resposta.

R.: ____

____

____

____

____

____

• Que história é esta? Relação com nosso cotidiano

9. A independência e a elaboração da primeira constituição do Brasil foram marcadas pela presença da elite e pelo alijamento dos grupos populares.

a) Aponte um acontecimento recente da nossa história em que tenha havido intensa mobilização popular, redundando em alterações políticas.

R.: ____

____

____

____

b) Aponte um acontecimento recente da nossa história no qual, apesar de intensa mobilização popular, o destino do país tenha sido decidido pelas elites brasileiras.

R.: ____

____

____

____

____

____

____

____

b) Por que o imperador dissolveu a Constituinte?

R.: ___

c) Qual o conteúdo da Constituição que foi outorgada?

R.: ___

d) Quais as consequências geradas pela nova Constituição?

R.: ___

• Que história é esta? Documento de época

8. Observe atentamente, na página 6 do livro, a representação do quadro "Proclamação da Independência", de François-René Moreau (1844).

   a) Faça uma descrição do quadro, procurando retirar o máximo de informações. Siga o roteiro abaixo:

   - Identifique no quadro a posição da figura de D. Pedro (central, lateral, abaixo ou acima).
   - As pessoas ao redor de D. Pedro.
   - Classes sociais.
   - Há sugestão de movimento no quadro?

   R.: ___

b) O que definia o Decreto de Setembro aprovado pelas Cortes em 1821?

R.: ____

____

____

____

____

c) Quais eram as posições dos deputados pernambucanos, baianos e paulistas diante do Decreto de Setembro?

R.: ____

____

____

____

____

d) Em que aspectos os paulistas e os representantes do Nordeste concordavam?

R.: ____

____

6. Em que medida os interesses ingleses favoreceram o Brasil no reconhecimento como Estado independente?

R.: ____

____

____

____

____

7. O rompimento com as Cortes de Lisboa e a procura de reconhecimento do Brasil como nação independente exigiu a elaboração de leis necessárias ao novo Estado. A Assembleia reuniu-se no Rio de Janeiro em maio de 1823 e foi dissolvida pelo imperador em novembro do mesmo ano, que outorgou uma Constituição em março de 1824.

a) Quais as diretrizes do projeto inicial?

R.: ____

____

____

____

____

• Que história é esta? Atividades

10. Imagine a seguinte situação: você é escravo de uma fazenda, na qual se cultiva cana-de-açúcar. O dono da propriedade participou ativamente das articulações que levaram à proclamação da independência do Brasil. O assunto chega à senzala, onde dormem os escravos.

Faça uma redação a partir das questões que poderiam ser discutidas na senzala a respeito da independência e da situação dos escravos.

11. Após assistir aos filmes *Independência ou Morte*, direção de Carlos Coimbra (1972, Brasil, 180 min., F.J. Lucas) e *Revolução*, direção de Hugh Hudson (*Revolution*, 1985, EUA, 123 min., Regasus/Jota Home Vídeo), converse com os colegas da classe sobre as principais diferenças entre o processo de independência dos EUA e o do Brasil.

Nome: ....

Ano: .... Número: ....

A INDEPENDÊNCIA DO BRASIL (1808-1828)

QUE HISTÓRIA É ESTA?

MÁRCIA BERBEL

DOUTORA EM HISTÓRIA ECONÔMICA PELA USP.
PROFESSORA DE HISTÓRIA MODERNA E CONTEMPORÂNEA
NA UNESP/MARÍLIA.

A INDEPENDÊNCIA DO BRASIL (1808-1828)

Selecionado para o Programa de Bibliotecas das Escolas Estaduais – GO 2001, para o Cantinho de Leitura – GO e pela Secretaria Executiva de Educação do Pará

QUE HISTÓRIA É ESTA?

Conforme a nova ortografia

Editora Saraiva

Editor
Rogério Gastaldo
Projeto, coordenação e legendas
Joaci Pereira Furtado
Assistentes editoriais
Eloísa da Silva Aragão
Nair Hitomi Kayo
Suplemento de trabalho
Flavio de Campos
Pesquisa iconográfica
Júlio de Paula
Pedro Puntoni
Supervisão de revisão
Pedro Cunha Jr. e Lilian Semenichin

Gerência de arte
Nair de Medeiros Barbosa
Supervisão de arte
Vagner Castro do Santos
Projeto gráfico
Christof Gunkel
Diagramação
Marcos Zolezi
Projeto de capa
Angra Comunicação Visual
Finalização de capa
Wilson Bekesas
Mapas
Mario Yoshida

Ao Kauê Berbel,
sobrinho e leitor muito crítico.

Dados Internacionais de Catalogação na Publicação (CIP)
(Câmara Brasileira do Livro, SP, Brasil)

Berbel, Márcia Regina
Independência do Brasil : (1808-1828) / Márcia Regina Berbel. — São Paulo : Saraiva, 1999. — (Que história é esta?)

ISBN 978-85-02-02860-9
ISBN 978-85-02-02861-6 (professor)

1. Brasil - História - I Reinado, 1822-1831
2. Brasil - História - Independência, 1822
3. Pedro I, Imperador do Brasil, 1798-1834
4. Portugal - Brasil I. Título. II. Série.

99-0961 CDD-981.034

Índice para catálogo sistemático:

1. Independência: Brasil: História 981.034

1ª edição/2ª tiragem
2011

Editora Saraiva

Rua Henrique Schaumann, 270 – Pinheiros – São Paulo-SP
Tel.: PABX (0**11) 3613-3000 – Fax: (0**11) 3611-3308
Fax Vendas: (0**11) 3611-3268 – Atendimento ao Professor: 0800-0117875
Endereço Internet: www.editorasaraiva.com.br – E-mail: paradidatico@editorasaraiva.com.br

Impressão e acabamento: Yangraf Gráfica e Editora

Sumário

Introdução

Imagine se, de repente, uma das regiões brasileiras se recusasse a fazer parte do Brasil. Por exemplo, os habitantes do Rio Grande do Sul pegam em armas para conseguir a formação de um Estado gaúcho independente, mas o governo brasileiro não aceita a separação e mantém a unidade do Brasil por meio da força militar. Isso significa praticamente uma declaração de guerra.

Podemos pensar que o Brasil só existe porque em suas diversas regiões há uma aceitação da unidade brasileira. Os habitantes de Pernambuco, Pará, Rio Grande do Sul e dos outros estados aceitam estar unidos sob um mesmo governo central. Assim, adotam leis e costumes comuns, que unificam e diferenciam o extenso território brasileiro de qualquer outro país.

Pois bem, o Brasil, como é hoje, não existiu durante a maior parte da história da América. A fixação das atuais fronteiras brasileiras demandou várias negociações para que não ocorressem conflitos armados. As atuais regiões nacionais associaram-se durante as primeiras décadas do século XIX, formando um Estado independente.

Mas imagine também a possibilidade de os países vizinhos do Brasil não o aceitarem como um país independente. E se, por exemplo, Argentina, Uruguai e Bolívia decidissem que o Brasil não deveria existir? Poderiam, então, invadir territórios considerados brasileiros para integrá-los aos seus. Nesse caso, o Brasil só conseguiria manter sua independência com a força do Exército, passando a viver em guerra.

Mais significativo no mundo atual, porém, é que situações como essa geram crises nas relações econômicas e diplo-

***Proclamação da Independência*, quadro de 1844 do pintor francês François-René Moreaux, representando o momento em que D. Pedro I declarou a emancipação do Brasil, em 1822. A multidão cercando o então príncipe sugere uma participação popular que, no entanto, jamais houve na Independência brasileira.**

máticas entre os países. E o que isso significa? O comprometimento da economia brasileira, pois, hoje em dia, as boas relações políticas de um país auxiliam muito a aceitação de seus produtos no exterior.

As relações exteriores de um Estado são fundamentais para a manutenção de sua independência. As importações e exportações necessárias para o funcionamento da economia no mundo contemporâneo dependem delas. E, da mesma forma, as relações diplomáticas entre Estados inibem enfrentamentos armados.

Podemos pensar, então, que um país só existe quando as partes envolvidas em sua formação estão de acordo quanto à união. E ele só pode ser independente se for reconhecido como tal pelos outros países.

Pois bem, neste livro trataremos destes dois aspectos do processo de independência do Brasil: a associação das diferentes partes que compuseram o Estado brasileiro e o reconhecimento de sua independência.

1. O mundo antes do Brasil

A América portuguesa antes da independência

É difícil pensar em uma unidade brasileira antes do início do século XIX. A colonização portuguesa havia formado núcleos de povoamento (vilas, povoados, pequenas cidades, fazendas), espalhados pela costa atlântica, que mantinham pouco contato entre si. Estavam mais voltados para a exportação e, como consequência, obedeciam às necessidades dos países europeus. Organizavam sua produção de modo que ela fosse aceita e consumida por esses países.

Entretanto, para ter acesso ao mercado europeu, os produtos das colônias tinham de passar, necessariamente, pela metró-

***Baía de Guanabara vista da Ilha das Cobras*, Rio de Janeiro, quadro a óleo do francês Felix Émile Taunay, pintado por volta de 1828. Desde meados do século XVIII, a cidade do Rio de Janeiro adquirira importância decisiva, tanto por ter se tornado capital da colônia, quanto por possuir um dos principais portos da América do Sul.**

pole portuguesa. Esse era o ponto básico do "pacto colonial": a metrópole tinha o monopólio sobre a produção das colônias. Isso significava que os outros países poderiam comprar a produção colonial somente por seu intermédio. Além disso, distantes umas das outras, as colônias portuguesas da América subordinavam-se diretamente ao poder do rei, estabelecido em Lisboa. Lá, pensava-se que essa relação possibilitaria maior controle da população e do território americano.

Ao longo dos séculos formaram-se várias regiões exportadoras na costa atlântica, isoladas umas das outras. No extremo norte, destacavam-se Pará e Maranhão; no Nordeste, Pernambuco e Bahia rivalizavam em importância política e econômica; no Sudeste, a antiga região das Minas Gerais encontrava no Rio de Janeiro um importante porto. Paralelamente, em São Paulo, por exemplo, cresciam núcleos de habitantes dedicados à produção agrícola, visando o abastecimento das regiões vizinhas.

Os escravos eram utilizados em todas essas regiões. Cana-de-açúcar, algodão, tabaco ou minérios: a produção dependia da mão de obra dos escravos que eram "importados" da África; a sua compra também era intermediada pela metrópole portuguesa. Assim, a relação com algumas regiões do continente africano era, também, fundamental para Portugal e seus domínios.

Toda a relação econômica exterior feita pelas colônias da América passava pela metrópole europeia. Isso significa dizer que o sucesso de suas exportações dependia, entre outros fatores, das ligações econômicas e políticas que Portugal estabelecia com os outros países da Europa.

Portugal e Europa

No início do século XIX, as relações de Portugal com o mundo modificaram-se bastante e influenciaram a vida de suas colônias.

Nessa época, a Europa passava por dois processos muito importantes que haviam se iniciado algumas décadas antes: a Revolução Industrial (na Inglaterra) e a Revolução Francesa.

A primeira introduziu profundas transformações na forma de produzir mercadorias: aprimorou a divisão do trabalho, utilizava trabalhadores assalariados para a realização das tarefas fabris, e a máquina movida a vapor passou a substituir boa parte da energia humana empregada na manufatura. Tudo isso levou a uma produção muito mais rápida e barata das mercadorias industriais.

Lanifício da cidade de Bedworth, em Midlands (Inglaterra), retratado aqui por volta de 1800. Observe a divisão do trabalho representada na imagem. A Inglaterra foi o primeiro país do mundo a se industrializar, tornando-se inicialmente grande produtora de tecidos (*História em revista, 1800-1850*).

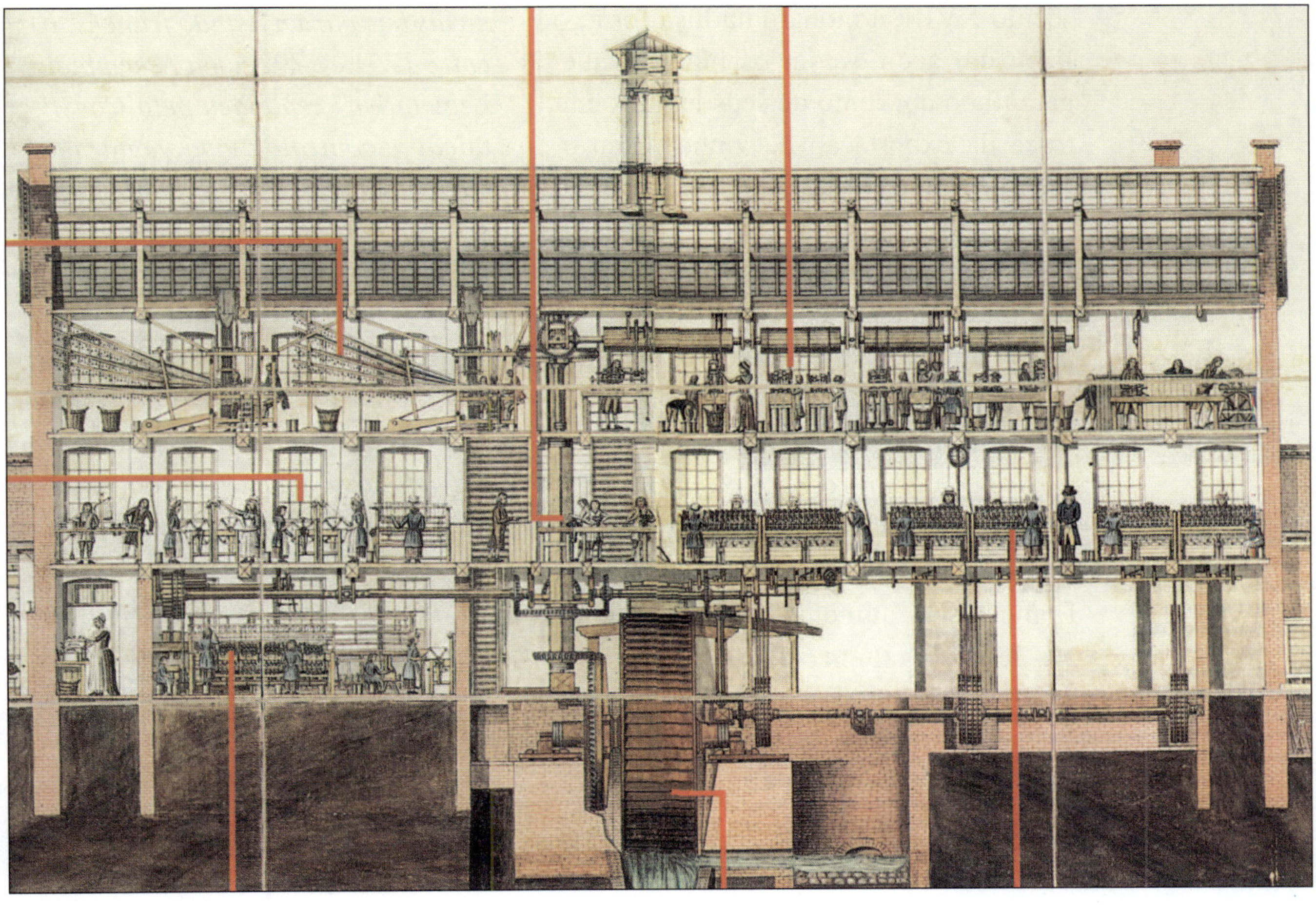

No início do século XIX, essas transformações na produção industrial atingiram somente a Inglaterra e se referiam à indústria têxtil. Isso fez com que a Inglaterra monopolizasse todo o mercado internacional de venda de tecidos. Portadores de uma poderosa marinha mercante, os ingleses monopolizavam, também, o transporte da matéria-prima produzida na América para a Europa e dos produtos europeus para as colônias.

Alguns países necessitavam dos navios ingleses para o transporte de mercadorias e de sua produção industrial para o consumo interno, tornando-se, assim, dependentes da Inglaterra.

O caso de Portugal era ainda mais grave pois, além desses dois tipos de dependência — importação e transporte —, existiam alguns agravantes. No século XVIII, a monarquia lusa formalizou um acordo com os ingleses que garantia o consumo de seus tecidos em troca da exportação de vinho. Com o início da industrialização, o volume da importação de tecidos ingleses aumentou em Portugal e, como seu preço era muito baixo, concorrendo com a produção local, o desenvolvimento da indústria portuguesa foi extremamente afetado.

Além disso, o outro importante processo iniciado na Europa nos fins do século XVIII — a Revolução Francesa — aumentava a dependência de Portugal em relação à Inglaterra. Essa revolução, iniciada em 1789, acabara com o regime monárquico na França. Lá, desde 1799, governava Napoleão Bonaparte, que pretendia espalhar a revolução por todo o continente e destituir todos os reis europeus. O exército francês cruzava fronteiras e ameaçava as monarquias reinantes, prometendo liberdade a seus súditos.

A Revolução Francesa

A Revolução Francesa teve início em 1789. Rompeu com a tradição política do Antigo Regime ao definir que a nação francesa era portadora de todos os poderes políticos e que uma assembleia de deputados deveria representá-la. Durante o processo revolucionário, a França foi governada de várias formas: a) entre 1789 e 1791, o rei se submeteu à Assembleia Constituinte, que preparava novas leis para o Estado francês; b) entre 1791 e 1792, uma Assembleia Legislativa respondeu pela Constituição e controlou uma monarquia parlamentar; c) a República foi proclamada em 20 de setembro de 1792 e o rei Luís XVI, da família de Bourbon, foi acusado de conspirar contra a nação francesa e executado em janeiro de 1793; d) a fase republicana foi concluída em 1804 com a coroação de Napoleão Bonaparte como imperador dos franceses. Seu governo prolongou-se até 1815, quando foi derrotado por uma coligação de governos europeus, e a monarquia foi restaurada na França, fazendo retornar ao trono um herdeiro dos Bourbons.

O continente estava em guerra. As monarquias da Áustria, Prússia e Rússia coligaram-se para enfrentar o exército napoleônico. Porém, o inimigo mais poderoso da França era a Inglaterra, que não estava disposta a perder a influência que tinha sobre a Europa para Napoleão Bonaparte, coroado imperador dos franceses em 1804. A Inglaterra precisava de relações políticas e econômicas com todos os monarcas do continente para escoar sua produção industrial.

Retrato equestre de Bonaparte no Monte Saint-Bernard, **1801, quadro a óleo do francês Jacques-Louis David. Coroado imperador da França em 1804, Napoleão Bonaparte tentou dominar a Europa, chegando a ocupar até mesmo Portugal, em novembro de 1807. A invasão francesa foi a causa da fuga da corte portuguesa para o Rio de Janeiro.**

Nesse quadro, Portugal ocupava uma posição muito difícil. Era um aliado natural dos ingleses devido aos vínculos de dependência já mencionados. No entanto, temia declarar abertamente guerra aos franceses e sofrer uma invasão, pois não teria nenhuma oportunidade de defesa. Assim, durante a maior parte do conflito, os portugueses procuraram manter uma posição oficial de "neutralidade", ou seja, não apoiavam quaisquer das partes envolvidas no conflito.

A transferência da Corte para o Rio de Janeiro

Em 1807, Napoleão Bonaparte tomou uma medida que forçou o reino português a optar por um dos dois lados. Decretou o Bloqueio Continental: o fechamento dos portos europeus para a entrada de produtos industriais vindos da ilha britânica. Por meio de uma carta, o imperador francês informou o governo de Portugal sobre a medida adotada e exigiu que a passagem utilizada pelos portos do país fosse devidamente bloqueada. Paralelamente, os exércitos napoleônicos avançavam no território ibérico: haviam deposto o rei da Espanha e estavam se dirigindo para Portugal.

O destino do governo português estava traçado: seria destituído pelo exército de Bonaparte. Essa ameaça exigiu do

governo português atitudes imediatas. A solução encontrada foi a transferência da corte portuguesa para o Rio de Janeiro, antes da chegada das tropas francesas. O governo luso organizou então, às pressas, uma caravana com mais de quinze mil pessoas, entre elas ministros e conselheiros do reino, oficiais do Exército e da Marinha, integrantes do alto clero, comerciantes e membros da nobreza. Retiraram a maior parte das riquezas do reino, os arquivos do governo e várias bibliotecas. E, também, transferiram para o Rio de Janeiro todos os órgãos necessários para o governo dos domínios portugueses. No início de 1808, a corte já estava instalada na América portuguesa.

Com a transferência da corte e a chegada das tropas francesas, em Portugal o clima era de desalento. Seus habitantes em breve seriam governados por um militar indicado por Napoleão que, assim, concretizava a anexação do reino luso aos seus domínios. Sentiam que agora estavam relegados à condição de colônia, já que toda a corte metropolitana estava situada na América. Mas, esperançosos, acreditavam que essa situação seria passageira.

O sentimento de abandono foi reforçado dois anos depois. Com a ajuda dos ingleses, os habitantes de Portugal conseguiram expulsar o invasor francês. No entanto, a partir desse momento, seu exército passou a ser dirigido por um general britânico, que acompanhava de perto as medidas do governo do reino. Todos sentiam que, mesmo com a expulsão dos franceses, a dominação estrangeira persistia: agora eram controlados pela Inglaterra.

As esperanças dos habitantes de Portugal se renovaram em 1815, quando Napoleão Bonaparte foi derrotado. Os vitoriosos governos da Inglaterra, Prússia e Áustria reuniram-se no Congresso de Viena para decidir a nova ordem europeia. Refizeram o mapa do continente de acordo com o princípio da legitimidade dinástica e reconduziram ao trono todas as famílias reais depostas por Napoleão.

Este quadro retrata a reunião do Congresso de Viena (Áustria), aberto em 1º de novembro de 1814. No Congresso, os principais países que derrotaram Napoleão (Áustria, Rússia, Prússia e Inglaterra) decidiram a nova divisão política da Europa. O então príncipe regente D. João VI foi reconhecido como o legítimo governante de Portugal.

Congresso de Viena

Reunidos em Viena, capital austríaca, os representantes dos governos da Áustria, Rússia, Prússia e Inglaterra decidiram a nova divisão política da Europa. Para isso, adotaram um princípio: os governos nomeados pelo invasor francês em cada país europeu deveriam ser extintos e as antigas famílias reais, reconduzidas ao trono. As antigas monarquias europeias foram restauradas, bem como o direito hereditário de uma parte da nobreza sobre os governos do continente. Assim, Luís XVIII da família Bourbon voltava ao governo francês, da mesma forma que D. João VI da família de Bragança era reconhecido como governante da monarquia portuguesa.

Este seria, então, o momento adequado para o retorno de D. João a Lisboa. No entanto, não foi o que aconteceu. Frustrando todas as expectativas dos habitantes de Portugal, D. João tornava legítima sua permanência no Rio de Janeiro e não manifestava intenções de voltar.

A permanência da corte no Rio de Janeiro já completava sete anos. Esse período permitiu a transferência de recursos e interesses para a região centro-sul dos domínios portugueses na América. Desde a sua chegada, em 1808, D. João vinha implementando uma série de medidas, modificando sensivelmente a situação geral da América portuguesa. Ainda em 1808, decretou a abertura de seus portos às "nações amigas", ajudando a exportação das mercadorias inglesas estocadas em virtude do Bloqueio Continental. Essa atitude agradou à Inglaterra, mas encerrou o monopólio dos comerciantes de Portugal sobre a comercialização dos produtos explorados na América e aumentou a insatisfação dos habitantes de Portugal quanto à transferência da corte. Por outro lado, transformou o porto do Rio de Janeiro no mais importante entreposto comercial sul-americano.

A cidade, por causa da instalação da corte portuguesa, recebeu uma série de investimentos, visando torná-la digna da condição de capital dos domínios portugueses. Para tanto, novos impostos foram cobrados das demais capitanias para custear as reformas. A atividade comercial livre nos portos da América era taxada em altas porcentagens, imediatamente transferidas para o governo português sediado no Rio de Janeiro, que então aplicava esses recursos na modernização da capital.

A questão do retorno da corte a Portugal gerava opiniões divergentes. De um lado, o povo lusitano que desejava a volta da corte; de outro, aqueles que viam possibilidades mais interessantes e lucrativas com a permanência na América, e mesmo o próprio governo, que investira muito na nova capital, investimento esse que se tornaria inútil com o retorno à Europa. Além disso, havia o velho sonho português de fundar um poderoso império na América.

Essa ideia era muito antiga. Sempre que o pequeno Estado português se via ameaçado por investidas espanholas ou por dificuldades econômicas, alguém acabava aventando essa possibilidade: mudar o centro dos negócios portugueses para a América, onde havia um vasto território colonial e grandes possibilidades para o crescimento econômico.

Pois bem, aquilo que era apenas uma ideia havia começado a se transformar em realidade em 1808, quando D. João anunciou a fundação do Império americano ao transferir a corte para o Rio de Janeiro; nem mesmo a paz europeia de 1815 foi capaz de convencer os emigrados de Portugal a voltarem para seu país de origem.

Para regularizar a permanência da família real, foi criado o Reino do Brasil em 1815: as colônias da América passaram a compor uma unidade política que estaria ligada ao reino de Portugal e Algarves, equiparando-se à antiga metrópole. A presença da corte em qualquer das unidades do Reino Unido era, portanto, reconhecida internacionalmente como legítima. Sua permanência no Rio de Janeiro consolidava-se como uma opção e não mais como uma medida excepcional decorrente da guerra.

Vista do largo do Palácio no dia da aclamação de D. João VI, gravura do francês Jean-Baptiste Debret, que viveu no Brasil de 1816 a 1831. Esta gravura retrata o momento da solenidade de entronização de D. João, que, mesmo governando Portugal como príncipe regente desde 1792, só se tornaria rei em 1818, dois anos após a morte de sua mãe, D. Maria I, depois de ter sua autoridade reconhecida pelas potências europeias.

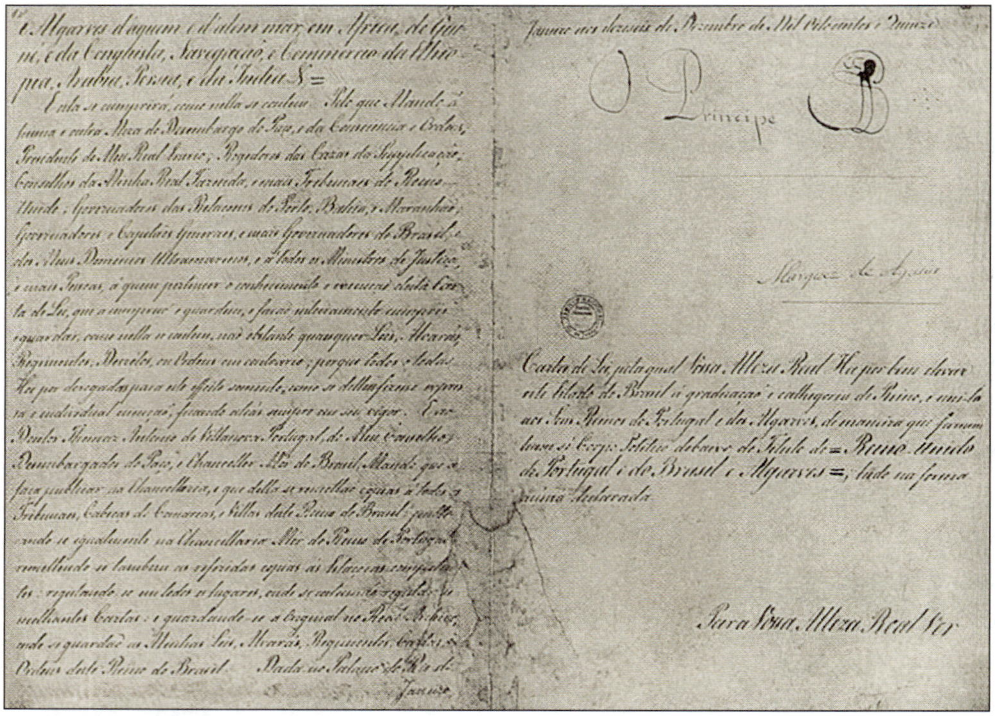

Carta de lei impressa em 1815, que trata da elevação do Brasil a Reino Unido de Portugal e dos Algarves. (Arquivo Nacional, Rio de Janeiro)

As insatisfações começaram a se manifestar no mesmo ano. Os representantes do governo em Portugal escreviam ao rei, demonstrando sua indignação com o novo estatuto. Os jornais também publicavam manifestos de descontentamentos. Todos entendiam que a antiga metrópole agora era colônia de uma ex-colônia.

Esse clima gerou uma manifestação militar em Lisboa, no ano de 1817, que exigia o retorno da corte. Foi violentamente reprimida com a ajuda do general inglês Beresford, que, naquele momento, comandava o exército de Portugal.

Os descontentamentos apareceram, também, no novo reino do Brasil. No mesmo ano de 1817, uma revolução eclodiu no Nordeste, a partir de Pernambuco. Os habitantes dessa região viviam isolados do Rio de Janeiro e, para eles, pouco importava a permanência da corte no Brasil. Para as capitanias distantes do centro-sul, a nova capital só significava despesas.

Os pernambucanos percebiam que essa situação indesejável estava se tornando definitiva. Desde que o Rio de Janeiro se tornara capital do Império, eles eram forçados, pela cobrança de impostos, a enviar importantes quantias em dinheiro para a corte, sem poder revertê-las para melhoramentos locais. Além disso, estavam submetidos às decisões tomadas pelos tribunais e conselhos instalados na capital, sob a vigilância do rei e de seus ministros. Na prática, eram colônias do Rio de Janeiro. Diante disso, pretendendo pôr

***Homenagem a D. Pedro no Rio de Janeiro*, 1817, aquarela do alemão Thomas Ender. A solenidade aqui representada também saudava a chegada da arquiduquesa Leopoldina da Áustria, em 6 de novembro de 1817, primeira esposa de D. Pedro I.**

fim a essa situação, os revoltosos da Revolução Pernambucana intentavam formar um governo que não se submeteria ao comando do rei português.

Organizaram, então, uma república no Nordeste. Os pernambucanos foram os primeiros a formar uma junta de governo, que logo recebeu a adesão de duas outras formadas no Ceará e na Paraíba.

O movimento, que fora organizado pelos grandes proprietários de terras locais, recebeu a adesão das parcelas mais pobres da população, também atingidas pelas altas taxas tributárias, bem como de padres e militares. As capitanias vizinhas foram rapidamente contagiadas pela revolução e o governo republicano conclamava a adesão de todas as demais.

D. João organizou, imediatamente, uma violenta repressão ao Nordeste. Prendeu ou exilou todos os revolucionários e indicou homens de sua confiança para dirigir as capitanias e as forças militares dessa área.

No entanto, um novo apelo revolucionário reacendeu a chama no ano de 1820.

Revolução liberal em Portugal

Em 1820, na cidade do Porto, teve início o processo revolucionário que se espalhou por todas as províncias do reino de Portugal. Distantes do rei e de seus ministros, os revolucionários adotaram uma orientação liberal: convocaram eleições de deputados para a instalação das

Junta em Pernambuco, litografia aquarelada do alemão Johann Moritz Rugendas (1802-1858) originalmente publicada em 1827.

Cortes Constituintes. Os representantes de todos os domínios portugueses deveriam se reunir em Lisboa para a elaboração de novas leis para a Monarquia, às quais o rei deveria se submeter.

A orientação liberal

No início do século XIX, uma série de grupos e movimentos retomaram a experiência da Revolução Francesa, visando controlar monarquias restauradas na Europa pelo Congresso de Viena. Para tanto, relembravam a primeira fase da Revolução, quando o rei havia estabelecido o compromisso de obedecer a uma Constituição elaborada por uma assembleia de deputados. Tais princípios caracterizavam o liberalismo político da época e serviram como base para movimentos revolucionários na Espanha, Grécia e Nápoles, além de Portugal.

A ideia não era nova. De certa forma, assemelhava-se à experiência da Revolução Francesa, quando o poder de uma assembleia constituinte submeteu o rei e, posteriormente, derrubou-o. Os portugueses apoiavam-se em um movimento muito parecido que já estava em curso na Espanha, onde se reivindicava o juramento do monarca a um texto constitucional. Os revolucionários pretendiam controlar o governo de D. João e fazê-lo retornar a Portugal e, em razão das insatisfações pendentes no Brasil, conseguiram o apoio de muitos de seus habitantes.

2. As Cortes Constituintes de Lisboa (1821-1822)

Eleições em todos os domínios da Monarquia

A convocação da Constituinte foi recebida com entusiasmo pela maior parte dos homens livres do Brasil. Esta era a oportunidade de mostrar ao rei que eles não estavam satisfeitos com sua forma de governar.

Cercado de ministros no Rio de Janeiro, D. João era um representante do absolutismo. Não consultava ninguém, e ele próprio escolhia seus assessores, o que desagradava os habitantes de Portugal e também os do reino do Brasil.

O absolutismo

O absolutismo foi constituído durante o século XVII nas monarquias da Europa. Correspondeu à concentração dos poderes de decisão política dentro do Estado na pessoa do rei, dispensando qualquer consulta a outros setores ou pessoas da sociedade que não fossem indicados por ele. Tal procedimento era justificado pela ideia de que o poder político dos reis havia sido doado por Deus e que, como seus representantes na Terra, estavam autorizados a tomar qualquer decisão.

Em 1817, os pernambucanos já haviam demonstrado esse descontentamento, tendo conseguido apoio de outras capitanias do Norte e Nordeste; porém, foram duramente reprimidos. Agora, com o início da Revolução do Porto, perceberam que este era o momento adequado para reiniciar o movimento, e desta vez contavam com o apoio de uma revolução já em andamento no reino de Portugal e com a simpatia que esse movimento despertava nos habitantes das outras regiões de colonização portuguesa na América.

As eleições dos deputados para as Cortes Constituintes ocorreram primeiro em Portugal. A revolução começou no Porto em 24 de agosto de 1820, obteve a adesão de Lisboa em 15 de setembro e, em dezembro, as sete províncias do reino — Alentejo, Beira, Coimbra, Minho, Trás-os-Montes, Extremadura e Algarve — já haviam escolhido seus representantes para a Constituinte. Um total de cem deputados comporiam o Congresso, reunido a partir de 26 de janeiro de 1821, na capital.

Para a escolha desses deputados, os portugueses haviam se inspirado nas regras eleitorais indicadas pela constituição espanhola, aprovada na ilha de Cádiz em 1807. Naquele momento, os espanhóis dirigiram-se aos habitantes de seus domínios americanos, considerando que eles também deveriam participar do Congresso da Espanha e usando os mesmos critérios eleitorais adotados na Europa. Agora, os portugueses faziam o mesmo.

Assim, as regras adotadas para a eleição dos cem representantes das províncias de Portugal também seriam utilizadas no Brasil. Elas definiam que a escolha seria feita de forma indireta e em três níveis, cabendo a um seleto grupo de cada capitania, então transformada em província, a escolha dos deputados para as Cortes. Estes deveriam ser homens, cidadãos livres (os escravos estavam excluídos), maiores de 25 anos, antigos moradores da província e portadores de renda suficiente para a manutenção de uma propriedade. Além disso, esperava-se que o deputado fosse um homem culto, conhecedor dos requisitos necessários para a elaboração das novas leis.

O Pará foi a primeira capitania do Brasil a aderir ao apelo revolucionário, em 1.º de janeiro de 1821, antes mesmo da primeira sessão das Cortes. Estas, quando informadas da adesão, passaram a considerar o Pará mais uma província integrante do Estado liberal. Ali, os constitucionais destituíram o comandante nomeado por D. João em 1817 e formaram uma junta provincial. Isso significava uma mudança importante no governo local: saía um homem de confiança do rei e entrava um grupo confiável para os eleitores.

O mesmo processo ocorreu na Bahia em 10 de fevereiro. No entanto, devido à importância política e econômica da capitania, essa adesão causou maiores comoções. A Bahia era uma importante região canavieira desde o início da colonização, seu porto era responsável por boa parte da exportação do reino e ela já havia sediado a capital do vice-reino do Brasil em outras épocas. D. João não estava disposto a perder essa capitania para os liberais de Portugal. Além disso, a adesão baiana entusiasmou os habitantes das regiões vizinhas. O movimento revolucionário espalhou-se pelo Nordeste inspirando-se na Bahia.

No Rio de Janeiro, a população exigia uma decisão do monarca, que adiava o quanto podia seu retorno a Portugal, aguardando um fracasso do movimento revolucionário. Mas, frustradas

Partida da rainha para Portugal, de Debret. D. Carlota Joaquina, esposa do rei D. João VI, embarca com as filhas, acenando para os cortesãos que ficavam no Rio de Janeiro naquela tarde de 21 de abril de 1821.

Aceitação provisória da Constituição de Lisboa, de Debret. O artista representou a cena de modo que ficasse evidenciada a pouca importância dada ao ato, pois D. Pedro I foi forçado a jurar obediência a uma constituição que ainda não estava pronta.

suas expectativas, finalmente em abril de 1821, D. João decidiu voltar para Lisboa e submeter-se às leis feitas pelos deputados, atendendo ao seu chamado.

O príncipe D. Pedro ficou no Rio de Janeiro como regente do reino do Brasil. Seu pai havia lhe deixado como herança todo o poder de decisão sobre o governo. Mas o regente jurara obediência ao pai e respeito às decisões da Constituinte de Lisboa. E, enquanto D. João partia, os eleitores fluminenses se reuniam para escolher seus representantes para as Cortes. Ao final de maio de 1821, os deputados do Rio de Janeiro já estavam eleitos, assim como os de São Paulo.

Pernambucanos, baianos e paulistas: três propostas em debate

A viagem do Rio de Janeiro para Lisboa era longa. Normalmente, os navios levavam dois meses para percorrer o trajeto entre o sul do Brasil e a Europa. Assim, os deputados eleitos na América conseguiram integrar as Cortes somente a partir de agosto de 1821. Quando lá chegaram, encontraram uma série de decisões já tomadas pelos deputados de Portugal, reunidos desde janeiro. E, ainda, como os representantes do Brasil foram eleitos nas províncias e em momentos diferentes, não chegaram em Portugal ao mesmo tempo.

O rei, que havia saído do Rio de Janeiro em abril, chegou a Lisboa em julho. Desde a sua chegada, os deputados já conheciam estes fatos: D. João se submeteria à Constituição que eles viessem a fazer; seu filho Pedro governava o Brasil com plenos poderes; no Rio de Janeiro, várias manifestações de militares e civis apontavam descontentamentos com a nova situação política.

Os deputados de Portugal não aceitavam a permanência de D. Pedro no Rio de Janeiro: queriam que ele retornasse a Lisboa, que o Brasil não tivesse uma capital e que a situação de instabilidade das regiões americanas fosse controlada por pessoas de confiança das Cortes. Temiam que o governo de D. Pedro no Brasil interferisse nas diversas províncias, impedindo que os deputados fossem eleitos e enviados para a Europa.

Assim, os deputados de Lisboa receberam os primeiros representantes do Brasil com grande entusiasmo. Eram os pernambucanos que, mesmo tendo sido eleitos depois dos paraenses e dos baianos, conseguiram partir rapidamente para integrar o Congresso. Isso foi possível porque o governador da província, o capitão Luís do Rego Barreto, havia patrocinado diretamente as eleições e a viagem. Esse capitão dirigia a capitania de Pernambuco desde 1817, por indicação do rei, e foi figura de destaque na repressão à Revolução Pernambucana. Agora, em 1821, agia com esperteza: aderiu à causa constitucional assim que soube da submissão de D. João às Cortes e organizou pessoalmente a eleição dos deputados pernambucanos.

Os deputados pernambucanos, porém, recém-saídos da prisão devido à atuação em 1817, ainda guardavam rancores de Rego Barreto e queriam sua destituição. Sonhavam com a transformação da capitania em província, governada como o Pará e a Bahia. Quando chegaram em Lisboa, algumas medidas foram aprovadas imediatamente pelas Cortes. Os deputados de Portugal concordaram com a destituição do capitão-governador e aprovaram a formação de uma junta de governo na capitania, reconhecendo-a como província. Alguns dias mais tarde, todos concordaram que essa medida deveria ser estendida a todas as capitanias do Brasil.

Mas nem tudo era favorável nesse encontro. O Decreto de Setembro, como ficou conhecido, determinava também que: a) os chefes militares das províncias do Brasil deveriam ser indicados pelas Cortes e aprovados pelo rei; b) o príncipe regente deveria retornar a Portugal; c) o

Rio de Janeiro deveria voltar a ser uma província como outra qualquer do Brasil e perder a categoria de capital; d) o Brasil deixaria de ser um reino unido a Portugal e teria, simplesmente, um conjunto de províncias, então submetido diretamente às Cortes e ao monarca.

Os pernambucanos concordaram plenamente com essas medidas, até porque lembravam-se de que o nordeste do Brasil havia sido abandonado desde a transferência da corte para privilegiar o Rio de Janeiro, que recebera melhorias para se tornar uma cidade digna de sediar a capital do Império. Lembravam que suas insatisfações não eram ouvidas pelo governo do sul e o quanto haviam sofrido em razão da brutal repressão organizada na capital durante o ano de 1817.

No entanto, a chegada de deputados eleitos de outras regiões do Brasil modificou um pouco o quadro de harmonia no Congresso português. Os baianos, que chegaram em dezembro de 1821, formavam a segunda delegação que passaria a participar dos debates. Chegaram conscientes de sua importância: vinham de uma região fundamental para o Império e haviam participado de um processo eleitoral que, havendo destituído o antigo governo, não deixava dúvidas sobre a adesão à causa constitucional.

Os baianos apresentaram suas divergências. Concordavam que o Rio de Janeiro deveria deixar de ser a capital, pois também eram do nordeste e sofriam, como os habitantes de Pernambuco, desde 1808, mas não concordavam com as medidas que submetiam as províncias do Brasil às Cortes. Os comandantes militares, segundo eles, deveriam ser escolhidos na própria província. E queriam mais: cada província do Brasil deveria ter juízes próprios e poder para avaliar as suas decisões perante qualquer julgamento.

Palácio do governo em São Paulo, 1827, aquarela de Debret. Os representantes paulistas nas Cortes de Lisboa recusaram o decreto que reduzia a autonomia do Brasil, acusando-o de despotismo e de tentar recolonizar os domínios portugueses na América.

A maior parte dos deputados de Portugal não concordou com essas ideias. Para eles, a união do Império deveria ser feita com o reconhecimento de um único centro de poder em Lisboa. Lá deveria estar o rei, o Congresso, a chefia-geral das Forças Armadas e o máximo grau do Poder Judiciário. Em outras palavras: Executivo, Legislativo e Judiciário deveriam ser centralizados em Lisboa.

Os baianos, por sua vez, defendiam a descentralização dos três poderes. A maior parte de suas decisões deveria ser transferida para as províncias. Para eles, essa autonomia provincial era a forma perfeita para a união dos portugueses dos dois lados do Atlântico.

Diante da argumentação dos baianos, a bancada pernambucana se dividiu. Concordavam em alguns pontos com os representantes das duas alas do Congresso, mas, na maior parte das sessões, permaneceram calados.

A discussão ficou ainda mais acalorada quando, em fevereiro de 1822, os representantes de São Paulo passaram a participar dos debates. Eles chegaram munidos de um programa — redigido em sua província por José Bonifácio de Andrada e Silva —, cujos pontos centrais eram: a defesa do Brasil como reino unido a Portugal; a permanência de D. Pedro no Rio de Janeiro e a fixação de uma capital para o reino do Brasil.

Os paulistas também eram portadores de uma carta, assinada pela Junta de São Paulo, que acusava as Cortes de despotismo: elas estariam tentando controlar as províncias do Brasil de forma autoritária por meio do Decreto de Setembro. O texto dizia que as Cortes ameaçavam a unidade das colônias da América portuguesa para poder melhor controlá-las e recolonizá-las. Concluía chamando todos os habitantes do Brasil a não aceitar os termos do Decreto. E eles, os deputados de São Paulo, estavam em Lisboa para realizar essa oposição.

De início, todos discordaram dos paulistas. A Junta de São Paulo foi ameaçada de punição severa caso não revogasse os termos contidos na Carta. Ao mesmo tempo, a proposta de manutenção do reino do Brasil era inadmissível para os deputados de Portugal e também o fora para os de Pernambuco e da Bahia, porque manteria o Rio de Janeiro como capital do Império português e o príncipe continuaria a governar separadamente.

No entanto, os paulistas contavam com uma alteração importante nas relações entre os dois lados do Império. No dia 9 de janeiro de 1822, D. Pedro havia declarado publicamente que se recusava a voltar para Lisboa e, assim, desfez o juramento de obediência irrestrita às decisões constitucionais. Desde então, passou a existir um conflito aberto entre os governos de Lisboa e do Rio de Janeiro. Todos sabiam disso, inclusive os governos dos outros países da Europa e da América que, cautelosamente, aguardavam a evolução dos acontecimentos, evitando qualquer interferência na situação interna do Império português.

A atuação enfática dos paulistas em Lisboa, apesar de um início muito conturbado, acabou conseguindo adeptos. Em seus discursos, os representantes de São Paulo faziam questão de esclarecer: o reino do Brasil deveria respeitar a autonomia provincial. Mais que isso, o regente D. Pedro deveria convocar uma assembleia constituinte brasileira para instituir leis específicas ao conjunto do reino. Dessa forma, o príncipe seria controlado por representantes provinciais, tal qual se pretendia em Portugal, que elaborariam a Constituição na capital do Brasil. E onde seria essa capital? Os paulistas estavam dispostos a discutir; ela poderia ser, até mesmo, no Nordeste.

A partir desse momento, a proposta passou a ser vista com outros olhos pelos baianos, que, diante da intransigência dos deputados de Portugal quanto à autonomia provincial, viram na proposta paulista uma oportunidade para a concretização de seus próprios projetos. Quanto mais a tensão aumentava nos debates de Lisboa, mais as Cortes recorriam à força das armas. Já haviam enviado tropas para Pernambuco, Rio de Janeiro e até mesmo para a própria Bahia.

Esses dois princípios — o da constitucionalidade e o da autonomia provincial — haviam unido os deputados de São Paulo e boa parte dos do Nordeste para a preservação do reino do Brasil.

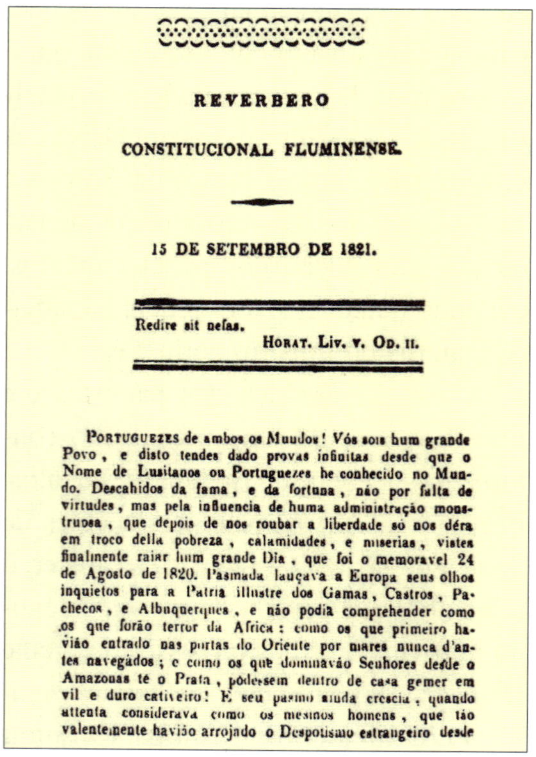

REVERBERO

CONSTITUCIONAL FLUMINENSE.

15 DE SETEMBRO DE 1821.

Redire sit nefas.

HORAT. LIV. V. OD. II.

PORTUGUEZES de ambos os Mundos! Vós sois hum grande Povo, e disto tendes dado provas infinitas desde que o Nome de Lusitanos ou Portuguezes he conhecido no Mundo. Descahidos da fama, e da fortuna, não por falta de virtudes, mas pela influencia de huma administração monstruosa, que depois de nos roubar a liberdade só nos déra em troco della pobreza, calamidades, e miserias, vistes finalmente raiar hum grande Dia, que foi o memoravel 24 de Agosto de 1820. Pasmada lançava a Europa seus olhos inquietos para a Patria illustre dos Gamas, Castros, Pachecos, e Albuquerques, e não podia comprehender como os que forão terror da Africa: como os que primeiro havião entrado nas portas do Oriente por mares nunca d'antes navegádos; e como os que dominavão Senhores desde o Amazonas té o Prata, pódessem dentro de casa gemer em vil e duro cativeiro! E seu pasmo ainda crescia, quando attenta considerava como os mesmos homens, que tão valentemente havião arrojado o Despotismo estrangeiro desde

Primeira página do panfleto "Reverbero Constitucional Fluminense", 15 set. 1821. Nessa publicação, escrita por Joaquim Gonçalves Ledo e Januário da Cunha Barbosa, foram divulgados, de 15 de setembro de 1821 a 8 de outubro de 1822 no Rio de Janeiro, os ideais emancipacionistas defendidos pelo grupo liberal. Propagavam-se também nesse periódico resumos dos trabalhos das Cortes de Lisboa.

3. O Brasil em 1821 e 1822

A Junta Provincial de Pernambuco

Enquanto ocorria o congresso de deputados em Lisboa e se discutia o destino do reino do Brasil, diversos conflitos explodiam nas províncias da América portuguesa. O início da Revolução do Porto, a instalação da Constituinte, a partida da família real e o processo de eleição dos deputados haviam intensificado o descontentamento dos habitantes do Brasil.

Em Pernambuco, reiniciaram-se os conflitos depois da partida de seus representantes para as Cortes. Os ex-participantes da Revolução de 1817 haviam sido libertados pela Junta de governo da Bahia e retomaram sua participação na política pernambucana. Reforçaram, então, as antigas reivindicações revolucionárias.

Como vimos, o governador havia patrocinado as eleições e a viagem dos deputados. Recusou-se, porém, a formar uma junta, tal como havia acontecido em 1817, mantendo o controle político de adesão às Cortes.

Assim, enquanto em Lisboa os deputados de Pernambuco aprovavam a destituição do capitão, na província, os revolucionários retomavam o movimento para a constituição da Junta. A partir da vila de Goiana, insurgiram-se contra o governador e formaram um comando paralelo.

Quem eram esses homens? Eram senhores de engenho, na maioria dos casos. Vinham de um passado revolucionário, feito de indisposições com os comerciantes portugueses e com o governo de D. João. Como consequência, não apoiavam o governador nomeado pelo rei e viam nas Cortes de Lisboa uma grande oportunidade para formar um governo legitimamente pernambucano, que controlasse os comerciantes, usufruísse de seus impostos e não subvencionasse os interesses da corte. Para eles, pouco importava se ela estava instalada no Rio de Janeiro ou em Lisboa.

***Vista de Peranza (sic), lugar onde o atual imperador Dom Pedro ou o então príncipe regente declarou a independência do Brasil*, 1823, aquarela de Edmund Pink. Esta aquarela, na qual vemos representada a região do rio Ipiranga, localidade próxima à cidade de São Paulo, é o único testemunho quase contemporâneo do local onde foi proclamada a independência.**

Essa aristocracia pernambucana contou com o apoio dos soldados, então dirigidos por portugueses e pelo capitão-governador, e com a simpatia da população mais humilde, que se via oprimida pela cobrança de impostos. O governador, por sua vez, contava com os oficiais portugueses, nomeados pessoalmente por ele, para comandar o Exército, além dos setores envolvidos no comércio monopolista. Assim, travou-se uma verdadeira guerra entre os dois lados, que tomou conta de Pernambuco. Finalmente, em 9 de outubro de 1821, os rebeldes formalizaram um acordo com o capitão-governador.

O decreto aprovado em Lisboa durante o mês de setembro foi a base para a formulação do compromisso entre a aristocracia pernambucana e os partidários do governo português. Previa a eleição de um novo governo e a separação dos poderes administrativo e militar. As eleições deram vitória aos rebeldes, e o capitão teve de se retirar para a Europa em janeiro de 1822.

Entretanto, a autonomia tão desejada pelos pernambucanos foi tolhida pelo mesmo Decreto de Setembro. As antigas forças militares antes comandadas pelo governador deposto foram substituídas por um novo contingente enviado de Portugal. Pernambuco seria, agora, dirigido por um comandante eleito; porém, a Junta não permitiu o desembarque das novas tropas.

O novo governo conduzido pela Junta pernambucana adotou outras medidas que complementavam seu programa: aboliu impostos, diminuiu o envio de recursos para o governo do Rio de Janei-

***Uniformes militares*, entre 1824 e 1830, litografia aquarelada de Debret. De acordo com o pintor, era grande a influência europeia no estilo dos uniformes, como o "schako", espécie de boné alto, de pelo, usado pela guarda imperial de Napoleão.**

ro e empenhou-se no desenvolvimento da economia local.

A Junta, assim, afirmou sua política contra os interesses do governo de D. Pedro, instalado no Rio de Janeiro, e contra o das Cortes, estabelecido em Lisboa. Não satisfazia o primeiro ao limitar os recursos enviados ao Rio de Janeiro, como também não contentava o segundo, por não subordinar suas tropas ao Congresso.

Na província, porém, o governo pernambucano buscava manter a paz. Todas as insatisfações apresentadas desde 1817 podiam e deviam ser sanadas, mas a produção para a exportação tinha de ser mantida. Dessa forma, era necessário isolar todas as manifestações políticas feitas pelas elites, proprietárias da grande massa de escravos que mantinha a atividade agrícola. Essa relação básica não podia ser afetada, e as diferenças de propostas entre os integrantes do governo tinham de ser resolvidas por meio de acordos. Afinal, todos estavam interessados na continuidade da exportação dos produtos pernambucanos.

A Bahia e o novo "governador das armas"

Na Bahia, o processo seguiu de maneira um pouco diferente. Lá, berço do tratado que abriu os portos do Brasil ao mundo em 1808, a adesão ao chamado das Cortes foi imediata.

A região de Salvador havia conhecido grande prosperidade desde a transferência da Corte, e o processo de formação da Junta baiana aliou os naturais das províncias aos negociantes portugueses. Esse movimento, iniciado por militares, teve Manuel Pedro Freitas Guimarães, baiano, dirigente do Corpo de Artilharia, como figura de mais destaque.

A primeira Junta formada na província contou com a participação de baianos — militares e civis — e comerciantes portugueses que se beneficiavam dos negócios livremente estabelecidos naquela região.

Entretanto, isso não quer dizer que não existiam divergências na Bahia. Lá também havia comerciantes portugueses interessados no monopólio e proprietários de terras que se opunham a esse tipo de controle comercial. No entanto, essas diferenças foram negociadas durante um longo período até a eleição dos deputados para as Cortes portuguesas. De maneira diversa do que ocorreu em Pernambuco, os deputados baianos só partiram para Lisboa no final de 1821, quando todos os acordos já haviam sido firmados.

O Decreto de Setembro, emitido pelos constituintes de Portugal, porém, acirrou as divergências. Os habitantes da Bahia esperavam que Manuel Pedro, líder da revolução constitucional da província, fosse o comandante das forças militares locais. No entanto, as Cortes nomearam um homem de sua confiança: o general Madeira de Melo.

A partir desse momento a guerra tomou conta da Bahia também. Os que apoiavam Madeira foram os vencedores, e o general assumiu o controle do Exército — diferentemente do que ocorreu em Pernambuco, onde o novo chefe militar não chegou a ser empossado. Os dissidentes, por sua vez, fugiram da capital e armaram uma resistência no Recôncavo Baiano.

Essa divisão entre o governo instalado em Salvador, reconhecido pelas Cortes de Lisboa, e os rebeldes fugitivos, sediados no Recôncavo, persistiu até o ano de 1823. Até então, a Bahia era terra de ninguém. Não estava totalmente alinhada com o governo de Lisboa nem com o do Rio de Janeiro. E, por esse motivo, os constituintes de Portugal enviaram tropas à província, numa tentativa de consolidar a sua integração.

O governo de D. Pedro

Na região Centro-Sul do Brasil, a situação também não era simples. D. Pedro havia ficado como regente do reino, portador de poderes plenos conferidos por seu pai, mas as Cortes de Lisboa não aceitavam essa situação e exigiam seu retorno imediato.

No Rio de Janeiro, o príncipe não recebeu apoio imediato. Alguns setores da aristocracia rural e do comércio, interessados nos vínculos mercantis com Portugal, fizeram forte oposição à sua regência, de tal forma que, a partir de 5 de junho de 1821, a cidade passou a comportar dois governos: a regência de D. Pedro, sem atribuições definidas, e uma Junta provincial, composta basicamente por seus inimigos.

Essa data, 5 de junho, corresponde ao dia em que as bases da Constituição portuguesa chegaram ao Brasil. Uma grande manifestação na cidade promoveu a formação da Junta, que obedecia ao decreto das Cortes, e um ministério para D. Pedro. Os ministros escolhidos também não apoiavam o príncipe.

Foram as iniciativas tomadas em São Paulo que vieram reforçar o frágil governo de D. Pedro. Já em 23 de junho, as tropas locais insurgiram-se, exigindo a formação de uma Junta paulista, acompanhada da destituição do capitão-governador indicado por Portugal.

No entanto, a manifestação de São Paulo teve a interferência de um hábil político que, a partir desse momento, tornou-se muito conhecido: José Bonifácio de Andrada e Silva. Residente em Santos, José Bonifácio tomou a iniciativa de procurar o apoio de todos os setores agrícolas e comerciais para a formação do novo governo e, dessa forma, conseguiu manter o antigo capitão-governador na presidência da nova Junta, assumindo, ele próprio, a vice-presidência.

Sob a direção de José Bonifácio, a Junta de São Paulo elaborou a proposta de autonomia para o Reino do Brasil e de permanência de D. Pedro, apresentada às Cortes de Lisboa. E, o mais importante, a Junta agiu de acordo com essas propostas.

O governo de São Paulo não reconheceu o gabinete oposicionista formado na capital em 5 de junho por apoiadores da Constituinte portuguesa, mas validou os plenos poderes conferidos a D. Pedro e estabeleceu várias conferências com o jovem governante, de tal forma que, quando chegou ao Rio de Janeiro a exigência das Cortes para que D. Pedro voltasse a Portugal, os paulistas já assessoravam o príncipe e haviam angariado o apoio de importantes setores de Minas Gerais.

Era 9 de janeiro de 1822. Ficou famosa a declaração feita por D. Pedro nesse dia, pois ele anunciava a decisão de ficar no Brasil "para o bem de todos e felicidade geral da nação". Era o dia do "Fico".

D. Pedro ficava, assim, com o apoio dos setores agrícolas e mercantis que José Bonifácio havia conseguido em São Paulo e também na região de Minas Gerais.

Como consequência, o gabinete de 5 de junho foi desfeito. José Bonifácio transferiu-se para o Rio de Janeiro, tornou-se ministro do Reino e um dos mais importantes assessores do príncipe.

A partir desse momento, o império luso-brasileiro passou a ter dois governos, que se opunham sistematicamente: o do Rio de Janeiro e o de Lisboa. Os decretos aprovados pelas Cortes eram recusados pela regência de D. Pedro e uma oposição irremediável estabeleceu-se entre eles.

No entanto, o governo de D. Pedro sustentava-se em alguns setores do Centro-Sul — São Paulo, Rio de Janeiro, Minas Gerais. Durante o primeiro semestre de 1822, não se sabia qual seria a escolha das outras regiões do Brasil. E, mesmo no Sul, os enfrentamentos entre setores divergentes ainda eram frequentes.

De um lado, proprietários de terras e escravos aliados a comerciantes que tinham acesso à corte do Rio de Janeiro e gozavam de privilégios obtidos pela região Centro-Sul desde 1808. Vários deles, nascidos em Portugal ou no Brasil, haviam recebido terras como doação de D. João, benefícios em suas propriedades agrícolas ou favoreciam-se dos investimentos feitos no Rio de Janeiro, bem como das ligações comerciais que o porto da cidade costurava no sul da América. Do outro, os excluídos desses benefícios. Aí encontramos proprietários de terras e comerciantes que desejavam um lugar na corte, e a população livre e pobre que também padecia com a cobrança de impostos e encontrava pouca ocupação nas fazendas ou nas cidades do sul do país.

Como em todas as outras regiões do Brasil, esses grupos políticos não incluíam a maior parte dos habitantes, ou seja, os escravos, que não eram considerados agentes políticos, cidadãos, e sequer eram cogitados para qualquer negociação. Significavam, para a minoria branca e rica, um perigo que, a qualquer momento, poderia demolir todo o edifício construído pelos difíceis acordos entre a população livre.

***Negociante de tabaco em sua loja*, aquarela de Debret pintada em 1823. No século XVIII, a maior produção de tabaco vinha da província de Minas Gerais e sua exportação era bastante lucrativa, bem como o comércio interno do produto. O negociante, representado na loja, é um português; o negro apoiado no balcão é o encarregado dos negócios dos companheiros que o esperam do lado de fora; cada uma das latinhas representava uma encomenda. Observe o tratamento dispensado aos escravos.**

A partir do "Fico" e da formação do novo ministério, iniciou-se a instituição da proposta apresentada em Lisboa pelos deputados de São Paulo. Os acordos entre as elites do Rio de Janeiro, São Paulo e Minas Gerais sustentaram as constantes recusas de D. Pedro em obedecer às ordens das Cortes. Tropas foram enviadas de Lisboa, mas, por ordem do príncipe, ficaram isoladas na capital do Reino.

A proposta de São Paulo incluía a conservação da unidade do Reino do Brasil, a permanência de D. Pedro e acabou englobando a formação de uma constituinte no Brasil, indispensável para a união com as províncias mais distantes do Rio de Janeiro.

A formação da Assembleia Constituinte do Brasil foi o último passo dado por D. Pedro para romper com as Cortes de Lisboa. Sua convocação ocorreu em junho de 1822. A maioria dos deputados reunidos em Portugal considerou esse fato inaceitável, uma vez que a Constituinte de Lisboa já estava elaborando leis para todos os domínios da monarquia lusa. Não aceitaram a atitude do príncipe e deram-lhe um prazo de três meses para retornar a Portugal.

D. Pedro manteve a convocação. Em agosto lançou um manifesto endereçado às "nações amigas", solicitando o reconhecimento do Brasil "como nação independente diante do universo" e a conservação das relações políticas e comerciais.

O texto, escrito por José Bonifácio, acusava as Cortes de Portugal de despotismo, pois elas não aceitavam a participação dos habitantes do Brasil em condições iguais às dos habitantes de Portugal. Registrava, ainda, o desejo de romper com os três séculos de exploração portuguesa e solicitava o apoio e o reconhecimento de todas as nações do mundo.

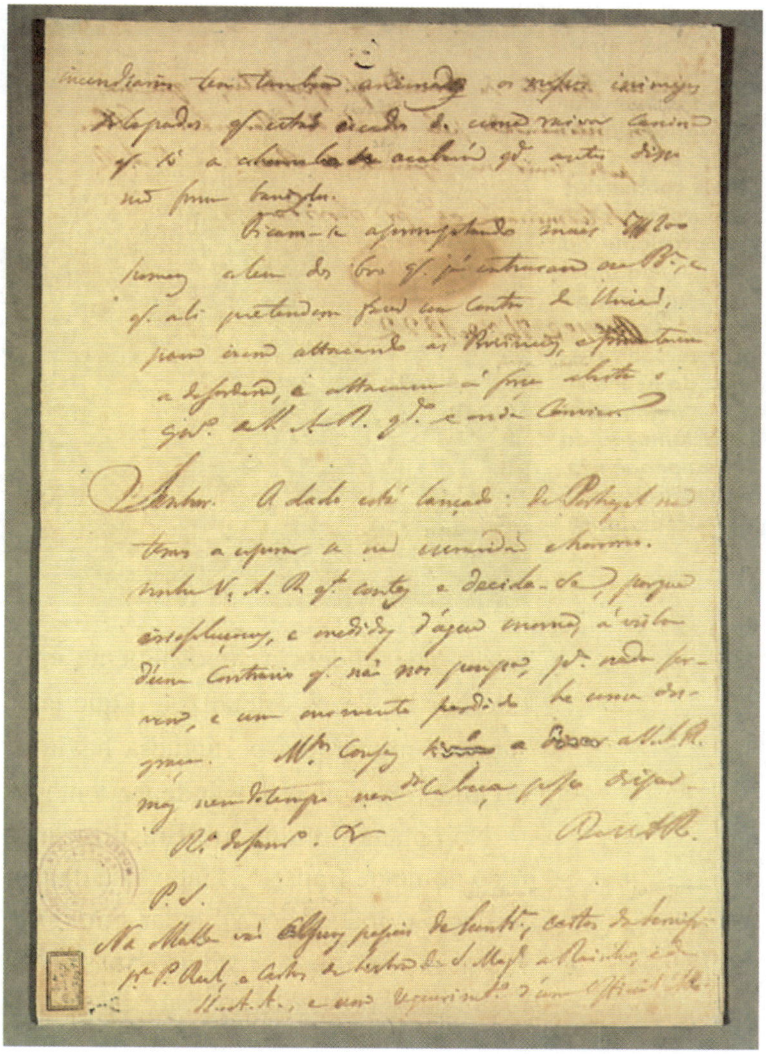

Carta escrita em 1º de setembro de 1822 por José Bonifácio a D. Pedro I. Nesta carta, José Bonifácio sugere ao príncipe a emancipação do Brasil, diante das pressões de Portugal.

Com essas duas atitudes, D. Pedro anunciava a formação de um Estado independente. As medidas adotadas mostravam a intenção de fundamentá-lo em uma constituição que trataria de soldar todas as partes integrantes da nova nação.

No dia 7 de setembro de 1822, D. Pedro recebeu uma nota oficial das Cortes de Lisboa. Ali registrava-se o não reconhecimento da Constituinte brasileira e, mais uma vez, exigia-se o retorno do regente.

Desta vez, a desobediência do príncipe significou a ruptura definitiva com o governo de Lisboa. Lá, os deputados não aceitavam as medidas do governo do Rio de Janeiro e aqui, as determinações das Cortes não eram acatadas. O famoso gri-

***Independência ou morte*, quadro a óleo de Pedro Américo, concluído em 1888, é uma das mais conhecidas representações da proclamação da Independência do Brasil. Compare esta versão artística do acontecimento com *Proclamação da Independência*, de François-René Moreax (p. 6).**

to de independência supostamente emitido por D. Pedro oficializou o que já se sabia: a monarquia portuguesa havia se dividido em dois reinos independentes.

No entanto, o reino do Brasil assumiria o nome de Império. Tratava-se daquele que D. João veio a fundar em 1808. Ele já não era luso-brasileiro, mas ainda pretendia ser o "vasto império" da América sob o domínio da família Bragança do velho rei, na pessoa do príncipe.

Em 12 de outubro de 1822, D. Pedro foi aclamado Imperador Constitucional e Defensor Perpétuo do Brasil e sua coroação aconteceu em 1.º de dezembro. Restava saber, no Rio de Janeiro, como reagiriam as diversas províncias do antigo reino e qual seria a resposta das nações do mundo.

***Coroação de D. Pedro, imperador do Brasil*, aquarela de Debret. Nesta aquarela, Debret retrata a coroação de D. Pedro I, em 1° de dezembro de 1822, como imperador do Brasil. À direita do quadro, vestindo o uniforme imperial, com a coroa à cabeça e o cetro na mão, sentado no trono, D. Pedro recebe o juramento de fidelidade prestado em nome do povo.**

4. A consolidação do Império

Negociações internacionais

A perda dos domínios da América foi determinante para o fracasso do regime constitucional em Portugal, pois desgastou os liberais do Congresso, que passaram a ser responsabilizados pela emancipação do Brasil.

A Constituição elaborada em Lisboa ficou pronta em 1822, assinada e jurada pela maior parte dos deputados portugueses e brasileiros, assim como pelo rei. No entanto, seis meses depois, em maio de 1823, houve uma reação absolutista que aboliu a Constituição. Os liberais não conseguiram resistir e D. João VI voltou a governar com plenos poderes.

Esse novo regime português enquadrava-se na ordem europeia restaurada desde 1815 no Congresso de Viena. Os liberais haviam sido derrotados em todos os países do continente, e as antigas famílias reinantes desde antes das invasões napoleônicas detinham, sem limitações constitucionais, o controle político dos Estados.

Como esses governos reagiriam ao novo Estado brasileiro governado pelo imperador D. Pedro I? Esta era a nova questão a ser respondida.

Após o término do Congresso de Viena, em 1815, os governos da Áustria, Prússia e Rússia formaram a Santa Aliança. Tratava-se de uma coligação política que visava impedir um novo crescimento da influência francesa no continente europeu. Um pouco mais tarde, a Inglaterra passou a fazer parte desse acordo e, curiosamente, em 1818, a própria França foi integrada em suas reuniões e congressos.

Na verdade, a coligação buscava manter os princípios do Congresso de Viena nessas reuniões, ou seja, proteger os governos monárquicos europeus de qualquer nova revolução e manter o equilíbrio entre os poderes e domínios de cada Estado no continente, evitando confron-

À esquerda, bandeira imperial brasileira, então novo símbolo adotado, em 16 nov. 1822, como reconhecimento da Independência. À direita, o pavilhão, símbolo marítimo, representa a bandeira em seu conjunto de detalhes, permitindo a identificação mesmo a distância (in *Viagem pitoresca e histórica ao Brasil*, Debret).

A Santa Aliança

A Santa Aliança contava, para a sustentação de sua coligação política, com o largo apoio da Igreja. Assim, ela se baseava nessas forças para combater os movimentos revolucionários e garantir o poder das monarquias.

tos armados e preservando a divisão política decidida no Congresso.

No entanto, cada governo representava os interesses específicos de seu país e, por isso, chocava-se com os outros ali representados. Além disso, vários países europeus tinham colônias e interesses fora do continente, e as reuniões acabavam também se ocupando dos problemas de outras regiões do mundo.

Desde o início, os congressos europeus trataram de dois problemas muito importantes e exteriores à ordem do continente: o tráfico de escravos e a independência dos países da América.

Os representantes da Inglaterra defendiam a necessidade da rápida extinção do tráfico negreiro e o princípio da não interferência nos processos de independência. A defesa dessas duas posições correspondia às necessidades internas da industrialização inglesa.

O monopólio comercial realizado pela Espanha e por Portugal em suas colônias não interessava aos ingleses, que exigiam a realização do comércio livre e, por isso, defendiam a independência das colônias americanas.

Da mesma forma, o tráfico de escravos, antes feito por navios ingleses, agora tornara-se desinteressante e era realizado por comerciantes do Brasil ou de Portugal. A escravidão havia se tornado um problema para a Inglaterra industrial, pois os cativos não poderiam consumir os seus produtos. Por isso, boa parte da população inglesa, já acostumada com uma participação política mais intensa, condenava a escravidão. Esses ingleses, envolvidos com a produção industrial, exigiam que seus governantes se distanciassem do tráfico e que tomassem atitudes para seu fim.

Os países da coligação europeia defrontaram-se com a independência das colônias americanas da Espanha, em primeiro lugar. A Inglaterra defendeu sua posição de não interferência, mas teve de se opor decididamente aos governantes da Rússia e da Áustria, que eram partidários de estender à América os princípios

Casamento de negros escravos de uma casa rica, **litografia aquarelada de Debret. Era comum nas casas ricas do Brasil permitir o casamento dos escravos sem contrariar demasiadamente suas predileções, na esperança de melhor controlá-los, visto que, geralmente, esses escravos eram criados de confiança do dono da casa. A Independência, no entanto, não alterou o quadro da escravidão no Brasil.**

definidos no Congresso de Viena e não aceitavam a formação de numerosas unidades republicanas desligadas da ideia da legitimidade dinástica. Nesses casos, prevaleceu a posição inglesa, depois de muitos conflitos entre os dois lados da disputa.

O caso do Brasil retomou o problema. O governo português, liderado por D. João VI, recusava-se a reconhecer a independência brasileira, acreditando que tudo havia se passado devido à má política das Cortes liberais. Entretanto, os portugueses tinham a Inglaterra como aliada, fundamental nas negociações europeias, e ela defendia a política da não interferência e insistia para que a separação dos dois reinos fosse aceita pelo governo luso.

A independência do Brasil foi, assim, tratada de forma muito especial. Os ingleses colocaram-se como mediadores entre Brasil e Portugal e não aceitaram nenhuma tentativa de negociação feita pelos portugueses separadamente. Defendiam, desse modo, seus interesses no livre comércio com os portos do Brasil. Por outro lado, aproveitavam-se dessa posição para pressionar o governo de D. Pedro a assumir um compromisso para a extinção do tráfico de escravos.

Os portugueses pensaram em solicitar a interferência da Áustria ou da Rússia. Mas aí encontrava-se o grande trunfo do governo brasileiro. Tratava-se de um império governado por um membro da família real portuguesa (da dinastia de Bragança). O Império do Brasil distinguia-se de todas as repúblicas formadas no processo de independência da América e, além disso, poderia reivindicar o princípio da legitimidade dinástica sagrado pelo Congresso de Viena.

***Desembarque festivo da princesa Leopoldina,* primeira esposa de D. Pedro, no Rio de Janeiro, em novembro de 1817. Guache sobre papel de Franz Joseph Frühbeck.**

Império, monarquia e república

O termo monarquia *contrapõe-se a* república. *A* monarquia *corresponde a uma forma de organização política na qual o chefe de Estado tem acesso ao supremo poder por direito hereditário. Isso significa que os reis são filhos de outros reis ou, se não for possível, parentes ou designados pela família que detém o poder monárquico. Elevados ao trono, os reis são reis até sua morte, a não ser que abdiquem voluntariamente. Essas características levaram algumas famílias da nobreza europeia a ocupar os tronos do continente durante séculos e a monopolizarem o poder dos Estados, entrelaçando-se por meio do casamento.*

A forma republicana *de organização do Estado pressupõe a eleição pelo povo do chefe de Estado. Seu mandato é por tempo definido, não é necessário pertencer a qualquer família especial e pode ser destituído pelos seus eleitores.*

Os impérios *formaram-se ao longo da história das mais diferentes formas, inspirando-se no primeiro deles: o Império Romano. Normalmente, essa forma de organização do Estado visou associar diferentes unidades políticas em torno de um superpoder centralizador: o imperador. Nos impérios modernos, os chefes dos Estados não obtinham o título por direito hereditário, como foi o caso de D. Pedro, que se tornou imperador contra o pai, D. João VI, ainda vivo. Mas, como integrante de uma das famílias reais europeias, a de Bragança, o imperador D. Pedro I só transferiria seu título a um filho, legítimo herdeiro da Coroa.*

Assim, o governo do Império austríaco, que havia feito grande oposição ao reconhecimento das repúblicas hispano-americanas, aceitou a independência do Brasil sem constrangimentos. Na verdade, defendia também seus interesses, pois a esposa de D. Pedro, D. Leopoldina, era da família real austríaca e, graças a este casamento, o país passou a ter uma aliança direta com D. Pedro. A Rússia defendeu, inicialmente, a necessidade de intervenção armada no Brasil, mas acabou aceitando as vantagens políticas da formação de um império no meio das tantas repúblicas da América.

Entre essas muitas repúblicas, destacava-se a mais antiga e poderosa: a dos Estados Unidos da América. Seus governantes também mostraram interesses políticos e comerciais próprios no desenrolar dessa polêmica. Lançaram em Washington, em dezembro de 1823, uma doutrina que se opunha à intervenção europeia e postulava a ideia de que os assuntos da América cabiam exclusivamente aos americanos. Anunciavam, dessa forma, a intenção de defender a independência do sul do continente e alinhavam-se à posição defendida pelos ingleses. Entretanto, mostravam-se como seus possíveis concorrentes em qualquer disputa comercial.

Os emissários da Inglaterra acompanharam de perto o governo de D. Pedro e tornaram-se importantes colaboradores para a manutenção da unidade do Império. Negociaram o reconhecimento português da independência, o que só veio acontecer em agosto de 1825. E, ainda assim, mediante o pagamento de dois milhões de libras esterlinas, emprestados pelos bancos ingleses ao governo do Brasil.

Entretanto, outro aspecto importante precisava ser resolvido: o tráfico negreiro. E, aí, mais um compromisso foi assumido entre os governos da Inglaterra e do Brasil.

O Império de D. Pedro alinhou-se à ordem europeia, como vimos. Comprometeu-se com os interesses comerciais da Inglaterra e aceitou sua participação na negociação da independência. Tinha com seus negociantes a dependência da dívida. Porém, conseguiu adiar a extinção do tráfico de escravos.

Essa decisão foi protelada até o ano de 1850, permitindo aos proprietários de terras o benefício da entrada de novos escravos. No momento da independência, o governo do Rio de Janeiro comprometeu-se, apenas, com a urgência da medida.

D. Pedro foi obrigado a limitar suas ambições imperiais. Diante da interferência inglesa, firmou o compromisso de não aceitar a adesão de nenhuma colônia portuguesa da África ao Império do Brasil. Isso porque várias delas estavam diretamente ligadas às regiões brasileiras em consequência da venda de escravos e prefeririam estar ligadas ao Império brasileiro e não à monarquia portuguesa para continuarem o tráfico sem intermediários e sem proibições externas. Para evitar essa associação perigosa, os ingleses exigiram a negativa oficial de D. Pedro.

Assim, o governo do Rio de Janeiro contava com dois importantes trunfos. Externamente, o de ser a única monarquia americana, apoiada pela Inglaterra e sem oposição da Santa Aliança. Internamente, o de ter sido capaz de manter a continuidade do tráfico por mais algum tempo.

Esse último aspecto ajudou a associar as diversas partes da elite do Brasil, espalhadas pela costa atlântica e envolvida em vários problemas.

Constituinte e Constituição do Império

De acordo com os debates ocorridos nas Cortes de Lisboa e com a conclamação feita por D. Pedro, uma Constituinte deveria realizar a associação das diversas regiões do Brasil e elaborar as leis necessárias ao novo Estado. Tratava-se, enfim, de um Império constitucional.

A Assembleia reuniu-se no Rio de Janeiro, a partir de maio de 1823, antes mesmo do total reconhecimento da independência no exterior. No entanto, seu trabalho foi interrompido pelo imperador, que dissolveu a reunião dos deputados em 12 de novembro do mesmo ano.

D. Pedro não aceitou as diretrizes apontadas pelo projeto de Constituição que norteavam os debates da Assembleia. O texto havia sido elaborado por Antonio Carlos de Andrada e Silva, ex-participante das Cortes de Lisboa e irmão mais novo de José Bonifácio. Retomava os debates ocorridos em Portugal e estabelecia dois princípios para o funcionamento do Império: o da constitucionalidade e o da autonomia provincial.

De acordo com o projeto de Antonio Carlos, D. Pedro deveria se submeter às leis feitas pelo Congresso sem direito de veto, ou seja, sem poder para impedir a sua aplicação. Além disso, o mesmo texto reforçava os poderes das províncias, admitindo que uma série de medidas políticas fosse aprovada em caráter local: os governadores seriam eleitos nas províncias e formariam equipes próprias para a gestão dos assuntos específicos.

Como visto, meses depois de instalada, a Assembleia foi dissolvida pelo imperador. D. Pedro e seus apoiadores temiam perder o controle da organização

Retrato de D. Pedro I, de 1826, na época já imperador do Brasil, pintado por Manuel de Araújo Porto Alegre.

nomeados pelo imperador. Estes deveriam controlar os conselhos provinciais que, a partir de então, estariam totalmente subordinados ao governo central, ou seja, a antiga reivindicação de autonomia provincial não foi satisfeita.

As reações foram imediatas. Já em 1824, os pernambucanos se rebelaram contra as novas medidas. Não aceitaram o governador indicado por D. Pedro e, tal como haviam feito em 1817 e 1821, formaram uma Junta de governo para a província. Retomaram a proposta pernambucana de formação de uma república no Nordeste e se dirigiram a províncias vizinhas. Desta vez, deram um nome para a república: Confederação do Equador.

Em 1825, uma província do extremo sul apresentaria o problema da separação: a Cisplatina. Ali teve início uma guerra que opôs Brasil e Argentina na disputa da região até o ano de 1828.

Para soldar essas partes do Império que tendiam a se separar, D. Pedro teve de usar os trunfos que tinha: reconhecimento externo da Inglaterra e da Santa Aliança e a continuidade do tráfico de escravos, que possibilitava o reconhecimento interno.

Com esses argumentos, conseguiu o apoio dos donos de terras e escravos do do Estado em um momento de total instabilidade interna e externa.

Para obter esse controle, o imperador outorgou uma Constituição em 25 de março de 1824. Nela, acrescentava algumas novidades.

O papel do imperador era reforçado por um poder suplementar: o Moderador, o que significa que ele se colocaria acima dos três poderes constitucionais: Executivo, Legislativo e Judiciário. O Executivo seria exercido pelos ministros, e a D. Pedro caberia mediar as disputas mais sérias, interpretando a "vontade do povo". Assim, ele dispunha do direito de veto sobre as leis e poderia interferir em todas as decisões quando considerasse necessário.

Por fim, as novas leis definiam que os presidentes das províncias seriam

Nordeste; para eles, os dois fatores permitiam a continuidade da produção agrícola e o livre comércio de suas mercadorias.

Os mesmos argumentos, porém, não comoveram os habitantes do extremo sul, pois ali a produção não dependia exclusivamente de escravos. Sem nenhum apoio local, restava a força das armas para manter a união da Cisplatina, que se tornaria independente em 1828, dando origem à República Oriental do Uruguai.

No entanto, a existência de apoiadores no Nordeste não eliminou a utilização de armas naquela região. Afinal, para outros setores da população nordestina, os trunfos de D. Pedro não eram tão interessantes assim. E, mais uma vez, o apoio da Inglaterra foi importante. A Confederação do Equador foi rapidamente eliminada por uma repressão violenta, liderada pelos almirantes ingleses Cochrane e Taylor.

Assim, em 1824, D. Pedro aparecia ao mundo como detentor de plenos poderes no Império do Brasil. E, no âmbito nacional, como viabilizador de um estado autônomo, ou seja, o Brasil passava a ser reconhecido como uma organização política independente, que não se submetia às decisões de uma metrópole. Assim, à velha monarquia portuguesa não restava alternativa: era necessário reconhecer a independência de suas antigas colônias na América.

A província da Cisplatina

A província da Cisplatina pertenceu aos domínios espanhóis até 1821, quando foi anexada por D. João VI ao Reino do Brasil. Em 1825, seus habitantes começaram um movimento para se separar do Império do Brasil. Iniciou-se, assim, uma guerra que envolveu a Argentina e o Brasil, ambos interessados no controle do comércio feito na região. A guerra, que arruinou as finanças do império brasileiro, só terminou em 1828 com a interferência da diplomacia inglesa. Formou-se, então, o Estado do Uruguai, independente do Brasil e da Argentina, e foi assinado um tratado que permitia a livre navegação na região, possibilitando, assim, a liberalização do comércio.

Em *Corrientes, à margem do rio Paraná* (obra de Ouseley) vê-se representada a Província Cisplatina. Em seu processo de emancipação política, a região foi palco da guerra em que Brasil e Argentina lutaram por seu domínio. Após a intervenção inglesa no conflito, instalando um acordo de paz, a província Cisplatina se tornou, em 1828, uma nação independente: a República Oriental do Uruguai.

5. O Brasil no mundo

Alegoria de Leon Tirode. Representa a Independência e o Império do Brasil sendo reconhecidos. Ao centro, sentados, o imperador D. Pedro I e a imperatriz D. Leopoldina.

Após o reconhecimento português, não havia mais dúvidas de que o Brasil passava a ser um novo Estado no cenário internacional. A partir desse momento, D. Pedro passou a responder por todas as ex-colônias portuguesas da América, agora associadas no Império, em qualquer negociação com representantes de outros Estados.

Isso não quer dizer, porém, que todos os problemas estavam resolvidos. Durante a maior parte do século XIX, os governantes do Império tiveram de lidar com os problemas que marcaram a formação do Brasil independente. Internamente, as tentativas de separação continuaram a ocorrer em diversas regiões e, externamente, as negociações para a continuidade da escravidão se estenderam até 1888, quando foi promulgada a lei que tornava livres todos os escravos do Brasil.

Os proprietários de terras e escravos viram algumas vantagens na organização imperial do Estado brasileiro, que só deixou de existir em 1889, quando foi proclamada a República. O Império possibilitou uma autoridade central forte, oriunda da tradição da família de Bragança, em torno da qual as províncias brasileiras se uniram. Essa união possibilitou duas tarefas importantes: controlar as revoltas internas e negociar externamente a continuidade da escravidão.

Governantes e fazendeiros dependiam economicamente da Inglaterra, a maior inimiga internacional da escravidão. Por isso, jamais deixaram de oferecer privilégios comerciais e políticos a esse país, garantindo a continuidade da produção em terras brasileiras. Além disso, os representantes imperiais eram fiéis às orientações das monarquias europeias e transformaram o Brasil em aliado político dessas monarquias num continente republicano.

Ao longo dos anos, as elites das diversas regiões do Brasil brigaram entre si. Divergiram muitas vezes sobre os poderes que o governo central deveria ter sobre as partes do Império. Formaram partidos e agrupamentos para expressar suas diferentes posições políticas. Entretanto, esses agrupamentos estiveram juntos naquilo que era mais importante: manter a utilização da mão de obra escrava até que pudessem substituí-la e, para isso, defender a unidade do Império por meio da negociação política ou pela força das armas.

Durante a maior parte do século XIX, o Brasil foi o único império da América e o último país do continente a extinguir a utilização da mão de obra escrava.

A independência do Brasil consolidou-se internacionalmente e contou com representantes de todas as ex-colônias portuguesas na América, associando duas características: império e escravidão.

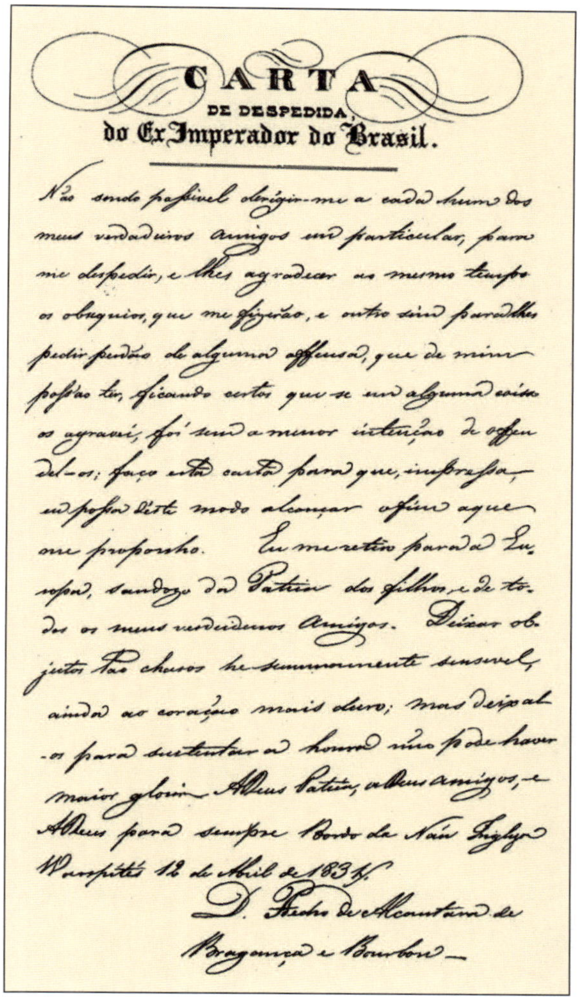

CARTA
DE DESPEDIDA
do Ex Imperador do Brasil.

Não sendo possivel despedir-me a cada hum dos meus verdadeiros Amigos em particular, para me despedir, e lhes agradecer ao mesmo tempo os obsequios, que me fizerão, e outro sim para lhes pedir perdão de alguma offensa, que de mim possão ter, ficando certos que se em alguma coisa os aggravei, foi sem a menor intenção de offendel-os; faço esta carta para que, impressa, eu possa deste modo alcançar o fim a que me proponho. Eu me retiro para a Europa, saudoso da Patria, dos filhos, e de todos os meus verdadeiros Amigos. Deixar objetos tão charos he summamente sensivel ainda ao coração mais duro; mas deixal-os para sustentar a honra não pode haver maior gloria. Adeus Patria, adeus amigos, e Adeus para sempre. Bordo da Nau Ingleza Warspite 12 de Abril de 1831.

D. Pedro de Alcantara de Bragança e Bourbon —

A carta de despedida de D. Pedro I, em que comunica a abdicação, em 1831, do trono do Brasil (extraído de *Viagem pitoresca e histórica ao Brasil*, Debret).

Cronologia

1789	• início da Revolução Francesa
1791	• promulgação da Constituição que colocou a França sob monarquia constitucional
1792	• início da guerra da França contra a Áustria e a Prússia • proclamação da República na França
1804	• Napoleão Bonaparte é sagrado imperador da França
1807	• Napoleão Bonaparte decreta o Bloqueio Continental • tropas francesas invadem Portugal e a família real se transfere para a América
1808	• a corte portuguesa se instala no Rio de Janeiro
1810	• assinatura do Tratado de Comércio e Navegação, e da Aliança e Amizade entre Brasil e Inglaterra
1814	• Prússia, Rússia, Áustria e Inglaterra derrotam Napoleão Bonaparte, que abdica do governo francês
1815	• o Congresso de Viena delimita fronteiras na Europa • elevação do Brasil à categoria de Reino Unido ao de Portugal e Algarves
1817	• levante militar em Portugal exigindo o retorno da corte para Lisboa • eclosão da revolução republicana em Pernambuco
1820	• início da revolução liberal no Porto • eleição de deputados em Portugal para a formação das Cortes Constituintes
1821	• instalação das Cortes Constituintes em Lisboa • retorno do rei D. João VI para Portugal • eleição dos deputados do Brasil às Cortes portuguesas • aprovação do decreto das Cortes portuguesas que extinguem o Reino do Brasil e exigem o retorno do regente D. Pedro • incorporação da Cisplatina como província do Reino Unido de Portugal, Brasil e Algarves
1822	• o príncipe D. Pedro se recusa a deixar o Rio de Janeiro • proclamação da independência do Brasil
1823	• dissolução da Assembleia Constituinte no Brasil
1824	• D. Pedro I outorga a primeira Constituição • formação da Confederação do Equador
1825	• Portugal reconhece a independência brasileira • início da guerra entre Brasil e Argentina pela posse da Cisplatina
1828	• fim da guerra da Cisplatina e formação da República do Uruguai

Bibliografia

Os estudos sobre a Independência do Brasil são muito numerosos. Aqui serão citados somente os que serviram como referência direta para a abordagem dos aspectos tratados.

BERBEL, Márcia. *A nação como artefato — deputados do Brasil nas Cortes portuguesas de 1821-1822.* São Paulo, Hucitec, 1999.

Trata-se de uma análise detalhada sobre a participação dos deputados do Brasil nas Cortes portuguesas.

FAUSTO, Boris. *História do Brasil.* São Paulo, Edusp/FDE, 1995.

Trata-se de um manual de história do Brasil no qual são encontradas boas análises sobre o período da Independência e a consolidação do Império brasileiro.

NOVAIS, Fernando A. e MOTA, C. G. *A independência política do Brasil.* 2. ed. São Paulo, Hucitec, 1996.

Texto geral sobre a Independência em que se pode visualizar a formação do Estado brasileiro no contexto mundial.

OLIVEIRA, Cecília Helena de Salles. *A independência e a construção do Império — 1750-1824.* São Paulo, Atual, 1995.

Texto paradidático destinado ao Ensino Médio, em que o tema é retomado de forma sintética e compreensível. Da mesma autora, recomenda-se a tese de doutorado, *A astúcia liberal*, defendida na FFLCH/USP, para os que desejam aprofundar seus conhecimentos sobre as artimanhas do pensamento político no início do século XIX.

PROENÇA, Maria Cândida. *A independência do Brasil — relações externas portuguesas, 1808/1825.* Lisboa, Livros Horizonte, 1987.

É uma síntese das negociações exteriores feitas pela diplomacia portuguesa durante o período da Independência.

Bibliografia complementar

Um estudo mais aprofundado sobre o tema leva a outras leituras. A retomada de algumas obras clássicas sobre a América portuguesa durante o período torna-se indispensável e, para os aspectos aqui abordados, fica a sugestão dos consagrados textos de Sérgio Buarque de Holanda, Manuel de Oliveira Lima, além do importante artigo de Maria Odila Leite da Silva. Além desses, o livro de Maria de Lourdes Viana Lyra é muito interessante para a compreensão da formação da ideia de Império, e a tese de Luiz Felipe de Alencastro é indicada para o entendimento da formação econômica das diversas regiões da América portuguesa a partir do tráfico negreiro.

ALENCASTRO, Luiz Felipe de. *Le commerce des vivants: traité d'esclaves e "pax lusitana" dans l'Atlantique Sud.* Tese de doutorado em História. Paris, Université de Paris X, mimeo, 1985-86.

DIAS, Maria Odila Leite da Silva. "A interiorização da metrópole (1808-1853)". In: MOTA, C. G. *1822: Dimensões.* São Paulo, Perspectiva, 1986.

HOLANDA, Sérgio Buarque de. "A herança colonial — sua desagregação". In: *História Geral da Civilização Brasileira.* 6. ed. São Paulo, Difel, 1985, v. 3.

LIMA, Manuel de Oliveira. *O movimento da Independência (1821-1822).* Belo Horizonte/São Paulo, Itatiaia/Edusp, 1989.

LYRA, Maria de Lourdes Viana. *A utopia do poderoso império.* Rio de Janeiro, Sette Letras, 1994.

A que assistir?

Dois filmes muito diferentes sobre o tema podem ser vistos:

Independência ou Morte, direção de Carlos Coimbra (1972, Brasil, 180 min., F. J. Lucas)

Um filme de 1972, interpretado por Tarcísio Meira, Glória Menezes, Dionísio Azevedo e outros conhecidos atores brasileiros. Trata-se de uma versão heroica do processo de independência, que focaliza preferencialmente os dilemas pessoais de D. Pedro I durante o período. Bem no estilo dos filmes recomendados pelos governos militares brasileiros durante a década de 1970, *Independência ou Morte* não se ocupa de conflitos sociais, nacionais ou internacionais e deixa uma série de questões sem resposta. Ainda assim, vale a pena assistir e criticar.

Carlota Joaquina — princesa do Brasil, direção de Carla Camuratti (1994, Brasil, 100 min., Europa Carat Home Video)

Uma versão satírica da transferência da Corte de D. João VI para o Rio de Janeiro que, partindo da imaginação de uma criança, mistura elementos de ficção com aspectos da pesquisa histórica. Recupera uma versão conhecida e criticável de D. João VI: um regente tolo que, amedrontado, fugiu das tropas napoleônicas para se esconder no Brasil. Os problemas com sua esposa espanhola, Carlota Joaquina, ocupam a maior parte da história. Vale a pena assistir, considerando todos os recursos utilizados para a sátira.

O que visitar?

Museu Paulista (Museu do Ipiranga)

Inaugurado em 1895, o Museu tinha como objetivo a celebração do dia 7 de setembro de 1822, considerado o dia da independência do Brasil. No salão de honra, encontramos a mais conhecida representação da Independência: o quadro *Independência ou Morte*, de Pedro Américo de Figueiredo e Melo, produzido entre 1886 e 1888, na cidade de Florença (Itália), especialmente para ornamentar o museu. Diversas outras pinturas, esculturas e cartazes sobre o tema estão expostos com a devida apresentação feita pelos historiadores do Museu. Além disso, lá podemos encontrar um importante arquivo de livros e documentos referentes ao período da Independência.

O Museu fica no Parque da Independência, Ipiranga, São Paulo, SP. Aberto de terça a domingo, das 9h às 16h45, tel.: (11) 2065-8000.
Endereço Internet: http://www.mp.usp.br
Endereço eletrônico: mp@usp.br

Museu Imperial

Construído em 1845, a antiga residência de verão de D. Pedro II foi transformada em museu em 1939, com o decreto do ex-presidente Getúlio Vargas. Como a maioria dos objetos já havia sido leiloada, foram necessárias doações de particulares e requisições de objetos que se encontravam em estabelecimentos públicos originários do Império. Hoje, o Museu abriga um acervo que reúne tanto as peças desse palácio como vários objetos concernentes ao Império, vindo de várias partes do Brasil. Decorando o palácio, há uma valiosa pinacoteca, com obras de artistas nacionais e estrangeiros. No prédio anexo funcionam uma biblioteca, iniciada a partir do acervo de D. Pedro II e de D. Teresa Cristina, e o Arquivo Histórico do Museu Imperial, onde se encontram preservados documentos que contam a história da monarquia do Brasil desde a chegada de D. João VI até a Proclamação da República.

O Museu Imperial fica em Petrópolis, RJ, Rua da Imperatriz, 220, Centro, tel.: (24) 2245-5550. Aberto de terça a domingo, das 12h às 17h.
Endereço Internet: http://www.museuimperial.gov.br

QUE HISTÓRIA É ESTA?

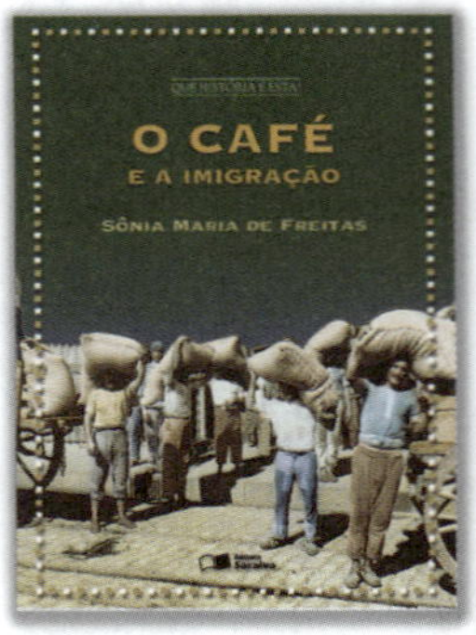

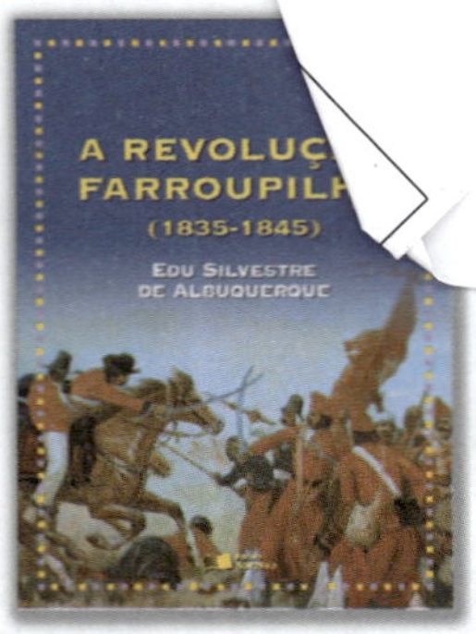

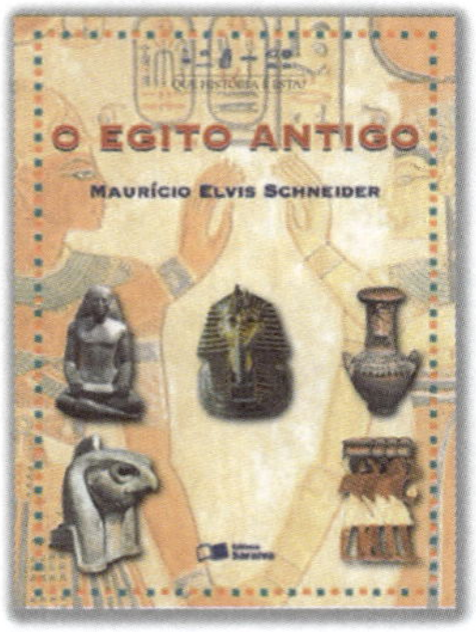

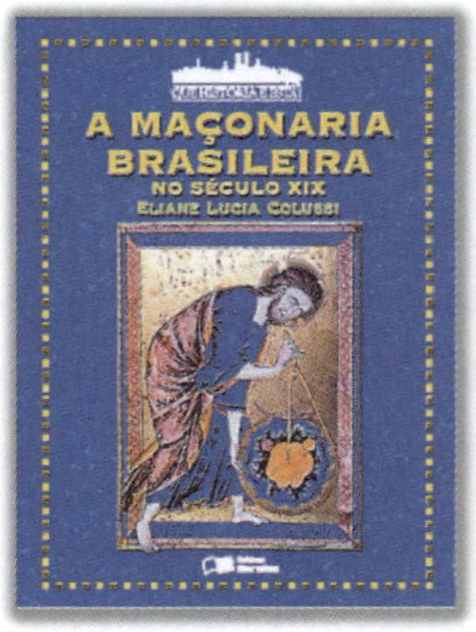

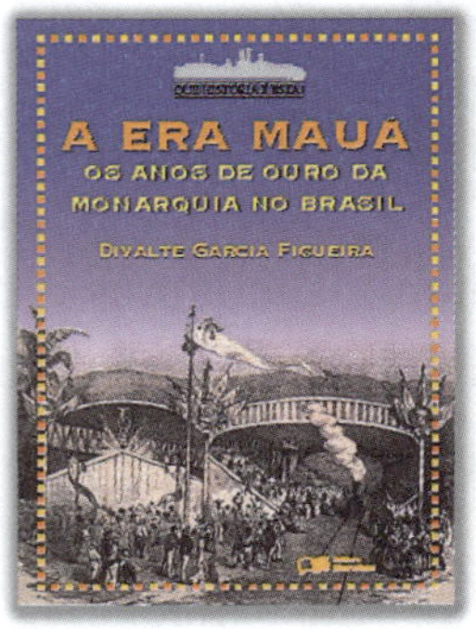

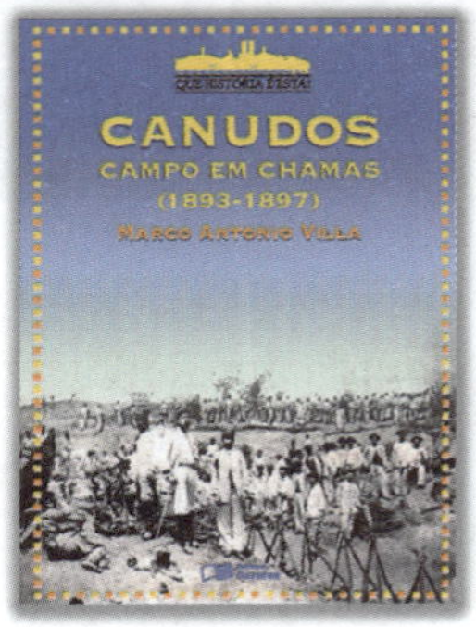

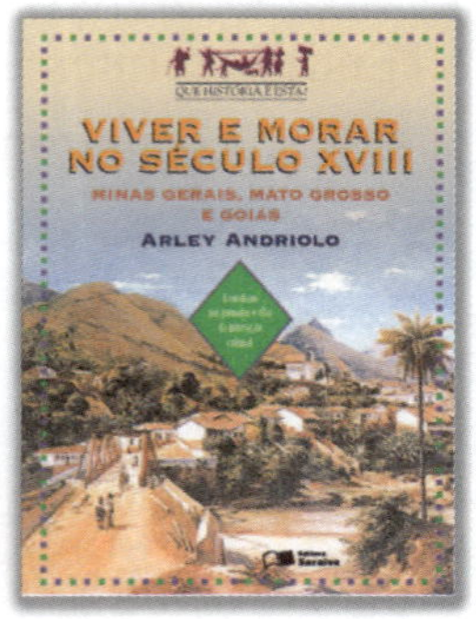

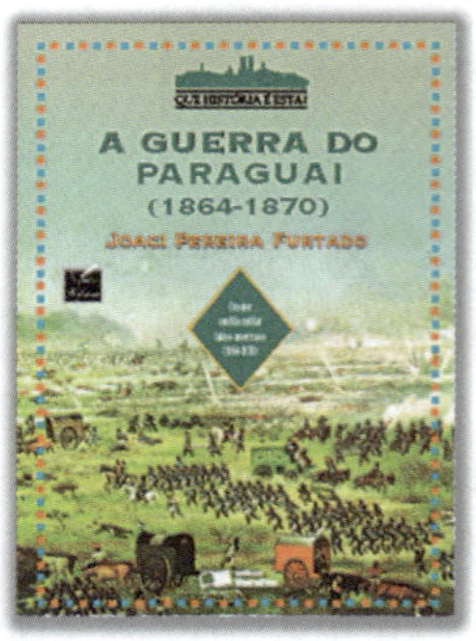

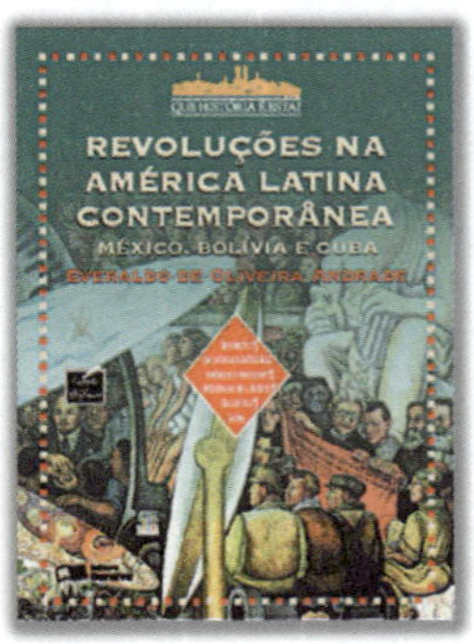

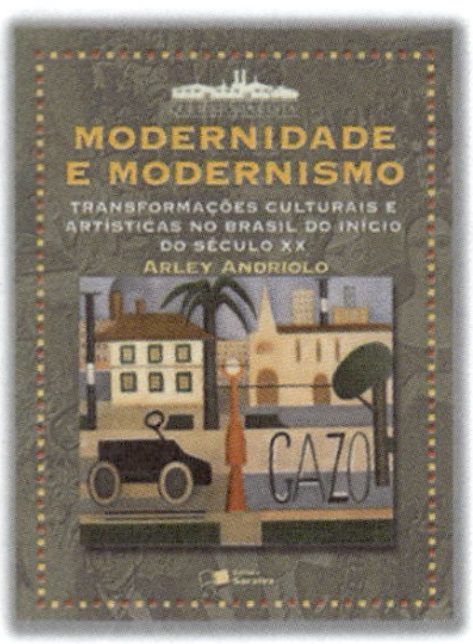

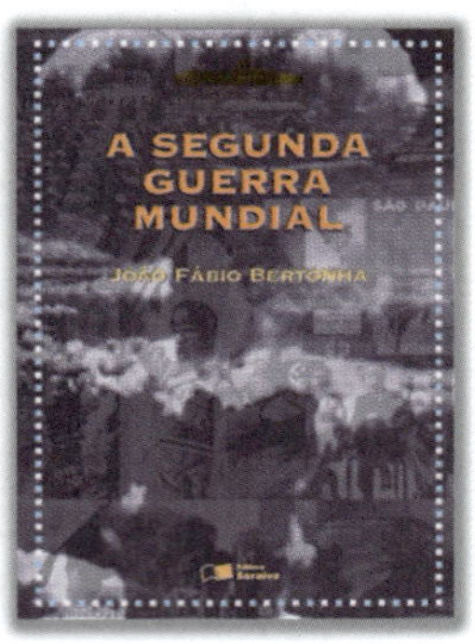